Drama-Kurzgeschichten

Antonio sucht sein Glück

Giuseppes sizilianische Welt

Heimat ist überall?

Taube Finger fühlen im Kopf

Alles für die Ehre

Reise nach Istanbul

Luzie Pan

Impressum

Drama-Kurzgeschichten:
Antonio sucht sein Glück
Giuseppes sizilianische Welt
Heimat ist überall?
Taube Finger fühlen im Kopf
Alles für die Ehre
Reise nach Istanbul

Ann-Luzie Pan
c/o Papyrus Autoren-Club
R.O.M. Logicware GmbH
Pettenkoferstr. 16-18
10247 Berlin
Kontakt: luziepan@gmx.de
Druck/Vertrieb: Bookmundo
1. Print-Auflage 2020

Bibliografische Information der Deutschen Nationalbibliothek: Die Deutsche Nationalbibliothek verzeichnet diese Publikation in der Deutschen Nationalbibliografie; detaillierte bibliografische Daten sind im Internet über dnb.de abrufbar.

Inhaltsverzeichnis

Drama-Kurzgeschichten

Antonio sucht sein Glück

Giuseppes sizilianische Welt

Heimat ist überall?

Taube Finger fühlen im Kopf

Alles für die Ehre

Reise nach Istanbul

Luzie Pan

Danksagung

Mein herzlichster Dank gilt allen meinen zahlreichen Blogaufrufenden aus der ganzen Welt, treuen Fans, meinen Blog-lesenden und meinen Follower meines Blogs: https://luziepan.wordpress.com, auf Twitter, Instagram, LinkedIN, Tumblr und meinen Facebook-FreundInnen, danke für alle votes, likes und jedes retweeten. Außerdem geht mein großer Dank an meine KommentatorInnen meiner Leseproben und Kurzgeschichten und meiner Blogs, meinen Rezensenten, meinen Lektorinnen und Lektoren und allen Menschen, die mich bei der Entstehung, Entwicklung und Neubearbeitung meiner Geschichten unterstützt und inspiriert haben.

Kurzgeschichten
Giuseppes
Heimat
Taube Finger
Drama
Alles für die
Reise nach
Luzie

Drama-Kurzgeschichten

Antonio sucht sein Glück

Giuseppes sizilianische Welt

Heimat ist überall?

Taube Finger fühlen im Kopf

Alles für die Ehre

Reise nach Istanbul

Kurzgeschichten
Drama
Antonio sucht's Glück
Guiseppes sizilianische Welt
Luzie Pan

Antonio sucht sein Glück

Drama-Kurzgeschichte

Widmung

Für alle Tagelöhner, Handlanger, Hilfsarbeiter und alle Migranten, die ins Ausland gehen, um dort ihr Glück zu suchen.

Vorwort

Kommentar von Arno von Rosen (Thriller-Autor):

„Zu gerne würde man mehr von dem Knaben Antonio erfahren, der seine Jugend in den 80er Jahren verbrachte und so typisch erscheint, bevor nach und nach die für uns Deutsche so romantische Vorstellung der italienischen Lebensart zerbröckelt, und man sich mit fortlaufender Geschichte immer mehr an unsere Heimat erinnert fühlt.

Wahrscheinlich folgt Antonio denselben Trieben, wie alle Menschen, die versuchen in einem anderen Land ein besseres Leben zu führen, und nur die Zeit wird zeigen, ob es doch nur ein Traum war. Vielleicht bekommen wir von Antonio noch einen Nachschlag, ich würde mich darüber freuen."

Kommentar von Gabriele B. (Autorin):

„Die Geschichte von Antonio beschreibt das wirkliche Leben in Sizilien. Vom Fischersjungen zum Gastarbeiter und wieder zurück. Man weiß nicht, wo man hingehört und der ständige Kampf ums Überleben. Die Autorin hat das wirklich sehr gut beschrieben und man fühlt sich regelrecht dorthin versetzt."

Kommentar von Daniel Mattes (Thriller-Autor):

„Die Suche nach Heimat, Zufriedenheit und ein wenig Glück gehört zu den Reisen auf die wir uns alle begeben. Manche finden das eine oder andere, manche alles und ganz viele nur wenig.

Eine gesellschaftskritische und lebendige Kurzgeschichte der talentierten Autorin Luzie Pan. Sie nimmt uns mit auf eine eindrucksvolle Wanderung zum Glück und wieder zurück. Fazit: Uneingeschränkte Leseempfehlung."

Anonymer Kommentar:

„Italien ist eines der schönsten Länder die ich kenne, und die Reisestatistik zeigt, dass es bei den Deutschen auch ganz oben auf der Liste beliebter Urlaubsländer steht, aber auch im sonnigen Süden hängen die reifen Trauben oben am Baum.

Luzie Pan schildert sehr eindrücklich die Geschichte junger Einheimischer, die mit denselben Problemen kämpfen, wie alle Jugendliche in Südeuropa. Dies wird aber so liebevoll in Szene gesetzt, dass die Schwierigkeiten der Figuren vor der schönen Erzählweise zu verblassen beginnen, und nur Spannung, Neugierde und ein zufriedenes Leseerlebnis übrig bleiben."

Zitat

„Gebt das Heilige nicht den Hunden,

und werft eure Perlen nicht den Schweinen vor,

denn sie könnten sie mit ihren Füßen zertreten

und sich umwenden

und euch zerreißen."

(Mt 7,6 (NT))

Antonio sucht sein Glück

Sizilien. 1987.

An einem Frühlingstag schlurfte der 14-jährige Antonio am Meer entlang und zog ein Fischernetz hinter sich her. Seine nackten Jungenfüße schlitterten durch den Sand im Meer. Das Wasser reichte ihm bis zu den Knöcheln. Als er am Hafen angekommen war, saßen gelangweilt Männer an der Hafenmauer und rauchten vor sich hin. Siesta.

„Tonino, was machst du da?", rief ihm Giuseppe, der Älteste der Männer, zu.

„Ich fische!", tönte es leise aus Antonios Kindermund, als er verängstigt aufblickte.

„Aber doch nicht so! Du musst schon weiter ins Meer reingehen! So wird das nichts!", kläffte ihn Giuseppe an, während er ihm entgegensprang.

Am Himmel zogen Wolken vorüber und plötzlich kam ein kühler Wind auf. Verzweifelt schaute Antonio Giuseppe an.

„Das Wasser ist sooooooo kalt!", jammerte er.

Giuseppe kniff ihn in beide Wangen, nachdem er den letzten Schritt auf ihn zugemacht hatte.

„Mann, sei doch kein Weichei! Du bist doch schon ein Mann!"

Die Männer, die dem Gespräch gelauscht hatten, fingen plötzlich an zu lachen. Gedemütigt senkte Antonio den Kopf. Dann hob er ihn, verzog das Gesicht und marschierte wieder dem Meer zu, wobei er das Fischernetz hinter sich her bugsierte.

Sizilien. 1995.

In einer Pizzeria am Strand balancierte Antonio übereinander geschichtete Teller auf beiden Armen die Treppe hinunter ins Freie. Es war sein fünfzigster Gang heute. In der Mittagshitze bahnten Schweißtropfen ihren Weg auf seiner Stirn. Der Laden war knallvoll von Touristen. Hochsaison. Aus der Pizzeria tönte lautes Geschrei.

„Zwei Mal Pizza funghi, Tisch 45, Drei Mal Pasta arrabbiata, Tisch 56, bruschetta, nicht vergessen! Aber vorher!!! Los Jungs!“

Antonios Schritte wurden immer schneller. Als er wieder in der Küche angekommen war, positionierte er die Teller geübt auf seinen muskulösen Unterarmen und näherte sich der Treppe abermals. Da stieß er auf einmal mit einem herumtollenden Kind zusammen und rutschte dabei aus. Reaktionsschnell rettete er die Teller, stellte sie ab, landete aber trotzdem am Boden.

Das Kind fing an zu Heulen. Während er dem Kind wieder aufhalf, erklangen laute Gästerufe an sein Ohr. Antonio schnaufte und redete dem Kind tröstend zu. Schnell servierte er die geretteten Teller und kam er an den Tisch der rufenden Gäste.

„Das macht dann 34,90 Euro! … Aaah ... mille grazie! Buona giornata!“, verkündete Antonio mit einem breiten

Lächeln, als sie ihm 50 Euro in die Hand drückten und „tenga il resto“ zuriefen.

Er steckte sein Trinkgeld unauffällig in seine Hosentasche, bevor sein Chef es kassierte, dann wischte er sich mit einem Taschentuch die Schweißtropfen von der Stirn und erhaschte einen strengen Blick seines Arbeitgebers.

Sizilien. 2003.

Großbaustelle. Antonio schippte mit nacktem Oberkörper in der Mittagshitze Kies in die Mörtelmaschine und stöhnte dabei lauthals auf. Seine goldene Armbanduhr zeigte schon zwölf Uhr, aber der Kiesberg musste noch weg.

Stunden später saßen Antonio und seine Kollegen im Schatten. Es wurde geraucht und Bier getrunken.

„Also lange mach ich das nicht mehr! Mir reicht' s!“, jammerte Antonio und blies den Rauch hastig aus.

Nuncio stieß ihn mit den Ellenbogen in die Seite und raunte:

„Mann, sei doch keine Memme! Das bisschen Schippen! Was bist du für ein Mann? Femminuccia!“

Alles lachte. Antonio betrachtete Nuncio ein paar Sekunden, verzog genervt das Gesicht und stand abrupt auf.

„Na du sitzt ja auch im Bagger, bella comodo (schön gemütlich)! Idiot!“, warf er ihm zu und machte einen Satz.

„Wie jetzt? Schmeißt du hin?“, schrie ihm Nuncio nach und sah nur noch Antonios Silhouette um die Ecke biegen.

Sizilien. 2008.

Afrikaner richteten ihre Auslagetische mit gefälschtem Schmuck und Taschen auf dem Bürgersteig der Straße entlang am Meer zu Recht. Dabei trällerten sie in ihrer Landessprache vor sich hin. Es war knallheiß und die Sonne spiegelte sich auf ihren schwarzen leicht bekleideten Körpern. Gegenüber war Luigis Bar. Antonio hatte sich dort niedergelassen und nippte an einem Espresso.

„Mit der Fischerei wird das nichts mehr in dieser Saison, das Meer ist viel zu wild und vertreibt alle Fische, schöner Mist!", stöhnte er.

Luigi ordnete die Espressotassen mit einem tiefen Seufzer akkurat auf der Espressomaschine an. Anschließend deckte er sie mit einem Geschirrtuch ab.

„Wem sagst du das! ... und die Afrikaner vertreiben mir die ganze Kundschaft!", schüttelte er resigniert den Kopf.

„Ja, ja, tolle Erfindung diese EU-Gesetze, die lassen sie hier rein, arbeiten schwarz und kriegen sogar noch Geld vom Staat, wenn sie sich schlau anstellen."

Luigi wedelte mit einem Plakat, das er unter der Theke hervorgeholte hatte, und die Aufschrift zeigte:

„PÄCHTER GESUCHT FÜR BAR! BITTE IM LADEN MELDEN! DANKE!",

schlenderte damit Richtung Eingangstür, die laut knarrend aufsprang und brachte den Aushang an der Tür umständlich an. Dabei beobachtete ihn Antonio teilnahmslos. Dann hellte sich plötzlich sein Blick auf.

„Hey, suchst du einen Nachfolger?“, griente er, wobei seine weißen Zähne hervorblitzten.

„Ja, willst du einsteigen?“, entgegnete ihm Luigi ermunternd.

Darauf wurde Antonios Grinsen noch breiter und er schob nach:

„Dir sitzt wohl dein Schutzgeld-Erpresser im Nacken, was?“ und rieb dabei Zeigefinger und Daumen aneinander.

Dann schüttelte er entschieden den Kopf, atmete tief durch und knallte ein paar Münzen auf die Theke. Mit Schwung rutschte er vom Barhocker und stolzierte zur Ladentür.

„Ich mach dir einen guten Preis. Überleg´ s dir!“, feilschte Luigi und fasste ihn an der Schulter, als sich Antonio an ihm vorbei drängte.

Antonio drehte sich nochmals zu Luigi um, klopfte ihn auf den Oberarm und zwinkerte ihm zu: „Ne du, ich geh nach Berlin, Ciao!“

Giuseppes sizilianische Welt

Drama-Kurzgeschichte

Widmung

Für alle Waisenkinder, elternlose Kinder und unbegleitete Flüchtlingskinder

Vorwort

Kommentar von Arno von Rosen (Thriller-Autor):

„Eine wirklich rührende Geschichte um eine traumatisierte Familie und den kleinen Giuseppe, der typisch cool erscheinen möchte, um nicht noch mehr verletzt zu werden. Trotzdem zeigt auch diese Kurzgeschichte die nicht alltäglichen Seiten eines Landes, dass für die meisten Menschen wie ein Paradies erscheint, aber hinter der Fassade doch auch nur ein Land mit Problemen ist, welche von den Menschen gelöst werden, oder ihr Glück woanders versuchen. Gut und ergreifend geschrieben."

Kommentar von Gabriele B. (Autorin):

„Eine sehr authentische Geschichte. Irgendwo in Sizilien wird sie so stattgefunden haben. Sie beschreibt das Land und die Leute wie es wirklich ist. Sehr realitätsnah und verschont auch nicht den Kampf mit der Mafia. Die Autorin kommt dem täglichen Geschehen so nahe, dass man es sich bildlich vorstellen kann was gerade passiert, sei es im Café oder auf dem Friedhof. Ich hätte mich gefreut, wenn die Geschichte weitergegangen wäre. Ich hatte mich so richtig eingelesen. Sehr gut."

Bewertung meiner Lektorin:

„In Ihrem Text ermöglichen Sie interessante Einblicke in „Giuseppes sizilianische Welt". Einleitend erzählen Sie von einer Familientragödie, die das Leben der zehnjährigen Titelfigur radikal veränderte ... Ich habe Ihren Text mit Vergnügen gelesen. Sie erzählen bildhaft vom abendlichen Flanieren auf der Promenade und dem bunten Leben in Bars und Pizzerien und kontrastieren diese Szenen mit den sozialen und politischen Schwierigkeiten Italiens."

Zitat

„Lasset die Kinder zu mir kommen,

hindert sie nicht daran!

Denn Menschen wie ihnen

gehört das Himmelreich."

(Mt 19,14 (NT))

Giuseppes sizilianische Welt

„Die Mama ist tot und Papa ist weg!“, schmollte Giuseppe, aber das wusste Tanja schon.

Er war zehn Jahre alt und lebte jetzt mit seiner großen Schwester Maria, Bruder Alberto und ab und an Onkel Antonio bei Opa und Oma. Das Haus der verstorbenen Mutter Lorena gehörte jetzt Maria und stand leer. Diese kommandierte jetzt die gesamte Familie herum und hatte dafür gesorgt, dass das Haus ihrer Großeltern von Antonio renoviert wurde.

„Das kann sich ja sehen lassen!“, bemerkte Tanja anerkennend, als sie es zum ersten Mal betrat.

Jetzt heiratete Giulia, ihre Cousine und es wurde nebenan eine Wohnung für sie ausgebaut.

„Onkel Marco und Marias Freund Nino machen das schon“, strahlte Giulia Tanja an, die sie erstaunt anblickte.

Giuseppe konnte nicht alleine sein, deshalb schlief er mit Alberto in einem großen Bett. Wenn Giuseppe am Computer saß, musste die Tür immer offen sein, da er von einem Horrorfilm traumatisiert war.

Aber das Problem lag tiefer, denn sein Vater war abgehauen, als seine Mutter an Darmkrebs erkrankte, scheibchenweise operiert werden musste, und somit ihren „ehelichen Pflichten“ nicht mehr nachkommen konnte. Sie wollte sich scheiden lassen, war aber vorher gestorben. Das war vor einem Jahr. Man hätte die ärztliche Versorgung der Mutter als Kunstfehler bezeichnen können, oder Sterben auf Raten. Italiens Gesundheitspolitik. Keine Bildung. Keine Aufklärung. Dann war da diese Scham, erkrankt zu sein und es niemand wissen durfte. Außerdem gab es diese bigotte Frömmigkeit, mit ihren diversen Marienverehrungen. Tod war dann eben Schicksal oder Gottes Wille.

„Der Bischof aus Pinzetto ist bei Facebook von der Mafia mit dem Tod bedroht worden, weil er an der Prozession teilgenommen hat und gegen die Mafia redete", brach es beim Mittagessen aus Giuseppe heraus.

Fordernder Blick. Betretendes Schweigen. Themawechsel.

Auf dem Weg zur Piazza fuhren Antonio und Tanja an einer Bar vorbei, die durch Versicherungsbetrug abgebrannt war und jetzt nebenan wieder eröffnete, dabei war die Mafia als Brandstifter denunziert worden, sie wurde jedoch selbst in Brand gesteckt. Man brauchte doch Geld für die Renovierung.

Sie kehrten in eine Pasticceria ein und Antonio bestellte einen Espresso, dabei trommelten seine Finger zur Musik im Hintergrund auf die Theke. Tanja stand daneben, aß Cannelloni und nippte abwartend an einem Aqua Minerale. Die Baristen Anna, Giusy und Toto servierten im Fünfertakt. Tassen wurden gespült, rhythmisch mit Espresso gefüllt, Untertassen im Takt auf die Theke gefeuert, darauf Zuckerbeutelchen verteilt und Bestellungen ausgerufen; alles im richtigen Rhythmus.

Die Männer standen dicht gedrängt neben der Theke und verfolgten das Fußballspiel auf dem Groß-Bildschirm, als gäbe es nichts Wichtigeres auf der Welt. Tanja dachte an den Bischof und die Bar. Plötzlich ein Aufschrei: Ein Tor für Juventus. Der ganze Clan brüllte synchron zum Aufschrei im Neben-Café. Die Cafés füllten sich immer mehr und es wurde gemütlich. Das Abendrot schien durch die Baumkronen der Pinienbäume, nachdem sich der starke Schirokko gelegt hatte und die regennasse Fahrbahn langsam trocknete. Leute kamen und gingen. Espresso wurde aus Mokkatassen geschlürft und mit Wasser nachgespült, während alle Blicke gespannt auf den Bildschirm gerichtet waren. Kleine Kinder, adrett gekleidet, kreischten herum und wurden von ihren Eltern eingesammelt. Tanja schaute dem Treiben zu und dachte an den Halbwaisen Giuseppe.

Nachdem Antonio und Tanja zum zehnten Mal die Flaniermeile entlang promeniert waren, kehrten sie in eine Pizzeria ein.

„Wie? Keine Vorbestellung? Da geht gar nichts!“, kam es aus des Obers Mund.

So wurde dieser „Geheimtipp“ erfolgreich mit dem gleichen Establishment selbigen Cousins gewechselt.

„Hallo Antonio, wie geht′ s, ah mit Freundin!“, begrüßte sie der Wirt Enzo erfreut, zwinkerte Tanja zu und geleitete sie zum letzten Tisch nach hinten, wo sie gerade noch das Fußballspiel sehen konnten.

Das Erstaunliche an Enzo war seine salopp witzige Erscheinung, wogegen sein Restaurant den Anschein gehobenen Standards machte und alle Kellner in „Uniform“ gekleidet waren, trug er schlechtsitzende Jogginghosen und Turnschuhe, hatte einen knappen ärmellosen Pulli über sein Bäuchlein gezogen, hüpfte vergnügt, trotz sichtlichen Schlafmangels, mit wachen Augen herum und kümmerte sich um jeden Gast einzeln. Sein Anblick erheiterte Tanja. Nach Antonios Kommentar war er eben modern. Nach der Pizza gab es keinen Fernet Branca, einen Verdauungsschnaps, so wurden eben Limoncellos in Plastikbechern eingenommen!

„Welcher Stilbruch!“, dachte Tanja stöhnend und schwieg.

Inzwischen war eine ebenso salopp gekleidete Frau aufgetaucht, wohl die Frau vom Chef, und tänzelte fröhlich auf ihren bequemen Schuhen herum.

„Keine High heels! War das sicher eine richtige Italienerin?“, schmunzelte Tanja.

Inzwischen gab es zwei Tore, die sie verpasst hatten, denn Antonio begeisterte sich, wenn nicht für Milan, für alles, was im Süden lag. 2:1, das passte ihm gar nicht, das musste man respektieren, denn Fußball war eine „italienische Identität“. Tanja sagte lieber nichts, um ja keinen Ärger zu bekommen. Napoli gewann und Tanja scheiterte am 1-Liter- Aqua-Minerale, denn es gab keine kleineren Portionen; man konnte, aus hygienischen Gründen, unmöglich verschiedenen Gästen aus der gleichen Flasche zu trinken geben; das ging gar nicht, was sollte man denn mit dem Rest anstellen? Somit wurden nur ganze Flaschen serviert.

„Interessante Logik!“, dachte Tanja und rollte mit den Augen.

„Was für eine Verschwendung“, seufzte sie dann und ließ die halbvolle Flasche stehen, als Antonio sie zum Aufbruch drängte.

Am nächsten Tag trafen sie den arbeitslosen Pepe, einen Freund von Antonio, im gleichen Café von gestern und er erzählte von seinem 18-jährigen kleinen Hund, der für ihn wie ein Kind war, das nur ausgesuchte Biscotti, klein geschnittenes Fleisch und keine Pasta aß, weil er sich da schmutzig machte. Er hatte weißes Fell, ging alleine Gassi, konnte Türen aufmachen und gute Menschen von bösen Menschen an ihrem Schritt erkennen.

„Na, das ist ja interessant", feixte Tanja.

Die Wohnung, in der Pepe im vierten Stock mit seiner Mutter wohnte, befand sich in einem italienischen „Plattenbau" der Gemeinde, hatte 120 Quadratmeter und eine Menge Licht, aufgrund von zwei Balkonen und zahlreichen Fenstern. Der ganze Spaß kostete 80 Euro, ohne Hausmeister und Aufzug. Pepes Brüder waren seit Jahren in Deutschland, wo sie ihre Pizzerien inzwischen wieder schlossen.

Die italienische Finanzkrise sah man nicht. Die Leute trugen immer noch Markenklamotten, wenn auch als Plagiate vom Chinesen, und ließen sich nichts anmerken. Um am Wochenende Pizza essen zu können, aßen sie die Woche über weniger, so behielten sie ihre Würde, denn Gesichtsverlust wäre rufschädigender als alles andere gewesen. Selbst die gelangweilten Jugendlichen, die die Straße entlang flanierten, waren nach neuester Mode gekleidet und liefen niemals mit Bierflaschen herum, denn auch sie hatten einen Ruf zu verlieren.

Bei Tanjas letztem Rundgang durch den Ort waren die meisten Anti-Mafia-Plakate abgehängt; nicht von der Mafia, sondern von den Ladeninhabern, die nach dem österlichen „Schutz" wieder Schiss vor der Mafia hatten.

Als Tanja mit Antonio die Blumen an Lorenas Grab wechselte, brach sie unvermittelt in Tränen aus, während Giuseppe, obgleich der rührenden Widmung seiner Schwester auf dem Grabstein, keine Miene verzog.

„Nein! Ich habe noch nie um meine Mama geweint!“, brüstete er sich lauthals auf dem Rückweg und fing dabei einen mitleidigen Blick von Tanja ein.

Auf der Fahrt zum Flughafen kamen Antonio und Tanja an der ehemaligen amerikanischen Wohnsiedlung vorbei, die ein eingezäuntes Dorf mit eigener Infrastruktur war und inzwischen in ein Asylantendorf, von der italienischen Armee streng bewacht, umfunktioniert worden war. Der Staat zahlte für jeden Asylanten 3,50 Euro pro Tag, womit die Frauen nicht mehr gezwungen, sich entlang der Straße zu prostituieren.

Als sie am Flughafen ankamen, staunten sie nicht schlecht, als sie Giuseppe auf dem Rücksitz entdeckten.

„Kann ich mit euch kommen“, winselte er und hielt seinen Kinderrucksack eng umschlungen, „ich hab auch meinen Kinderausweis dabei.“

Tanja lächelte ihn sichtlich bewegt an und ließ ihn aus dem Wagen.

„Ja weiß denn die Oma davon?“, setzte sie nach und strich ihm über den Kopf.

„Ja sie hat gesagt, ich soll ruhig gehen“, bekräftigte er kopfnickend.

Antonio hatte inzwischen die Koffer ausgeladen und schmunzelte Giuseppe zu.

„Na du bist mir ja einer, du Lausbub“, schäkerte er mit ihm und kniff ihn in die Wange.

Der Flug war überbucht, aber sie bekamen nach einigem Verhandeln einen dritten Sitzplatz und der war sogar umsonst.

Als sie zum Gate gingen hakte sich Giuseppe bei Tanja unter und grinste sie an:

„Die Oma sagt, ich kann bei euch wohnen.“

Tanja strich ihm über den Kopf und schmunzelte ihn an, „Na wenn die Oma das sagt“, gab sie zurück und warf Antonio einen ergebenen Blick zu.

„Na komm, ein Zimmer haben wir doch noch“, zwinkerte er ihr zu, zückte die Bordkarten und gab sie der Flugbegleiterin.

Kurzgeschichten
Drama
Heimat
ist überall?
Lucie Pan
©Lucie Pan

Heimat ist überall?

Drama-Kurzgeschichte

Widmung

Für A. F. (gestorben 1944) und alle Verfolgten,
Vertriebenen, Entrechteten, Geflüchteten, Entwurzelten,
Kriegstraumatisierten und die,
die dabei mit dem Tod bezahlt haben.

Für alle die nirgendwo eine Heimat finden.

Heimat hat nichts mit Herkunft zu tun. Heimat ist, wo
man sich zuhause fühlt; das kann überall sein.
(Luzie Pan)

Zitat

„Selig, die um der Gerechtigkeit willen

verfolgt werden; denn ihnen gehört

das Himmelreich."

(Mt 5,10 (NT))

Vorwort

Kommentar von Arno von Rosen (Thriller-Autor):

„Man braucht weder vertrieben, noch in den ehemaligen Deutschen Ostprovinzen geboren worden zu sein, um zu fühlen, wie die Realität die betroffenen Familien bis heute in Mitleidenschaft gezogen hat. Gerade in der heutigen Zeit ist "Heimat ist überall?", ein eindringlicher Appell an uns alle, nicht mit dem Krieg zu spielen, sondern alles dafür zu tun, dass künftige Familien nicht über Generationen hinweg unter dem Trauma eines Krieges leiden müssen, egal aus welchem Land sie stammen mögen. Es mag eines von vielen gleichartigen Schicksalen sein, welches die Autorin beschreibt, aber es geht unter die Haut und berührt die Seele an vielen Punkten, welch wunderbares Schreibtalent."

Kommentar eines Fotografen:

„Dein Text hat mich sehr beeindruckt. So eine Familiensaga, mit Stoff für einen guten Film. Daran sollte man anknüpfen. Solche Schicksale sind einfach beeindruckend; so etwas darf nicht verloren gehen."

Bewertung meines Lektoren:

„Obwohl Sie hier einen großen Bogen schlagen, mit der Geburt der Mutter anfangen, ergibt das Ganze auf relativ wenigen Zeilen eine geschickte Montage wesentlicher Momente, die … mit hinein gespielt haben, … Vita letzten Endes ausmachen. Und wie in so vielen Lebensläufen, nimmt sich das Trauma, das der zweite Weltkrieg hinterlassen hat, wie ein Subtext aus, der dem Leben der Nachgeborenen unterlegt ist. So etwa der Tod der Schwester beim Spielen, als diese auf eine Handgranate stieß. Enteignung und Flucht mit einhergehender Entwurzelung bilden dann auch nicht gerade den Grundstein für den Anschluss an die seit den 60 ern wachsende Prosperität. Es bleibt ein grundlegender Stress, der sich durch die Biografien der betreffenden Familien wie ein roter Faden zieht. Dies alles macht dieser Text sehr schön transparent und geht unter die Haut. Das haben Sie sehr gut beobachtet und schonungslos, dabei nicht ohne Ironie, zur Sprache gebracht, was das Ganze erträglicher macht. Umso mehr leuchtet der Hoffnung stiftende Schluss auf, der ein Stück inneren Friedens der Mutter sichtbar macht."

Kommentar von Daniel Mattes (Thriller-Autor):

„Ein beeindruckendes Buch der jungen Autorin Luzie Pan über die existenziellen Fragen von Krieg, Vertreibung und der Suche nach Heimat. Eine Aufforderung an uns alle, einmal innezuhalten und über diese Themen nachzudenken. Ein tolles Buch das ich jedem ans Herz legen kann."

Kommentar von Irene S. (Leserin):

„Ein sehr emotionales Werk! Verbunden mit vielen historischen Momenten! Sehr empfehlenswert! Vielen Dank an die Autorin!"

Heimat ist überall?

Ich heiße Magda Friedlovskova, meine Mutter kam vor dem Zweiten Weltkrieg in Mähren, heutzutage Tschechien, auf die Welt. Sie ist die drittälteste von sechs Töchtern. Ihre zweitälteste Schwester Maria starb, als meine Mutter gerade einmal fünf Jahre alt und ihre jüngste Schwester noch unterwegs war, getroffen von einer Granate. Das hat meine Mutter bis heute nicht überwunden, denn es war ihre Lieblingsschwester.

Marias Unfall

„Du siehst ihr außerordentlich ähnlich", wisperte meine Mutter, presste dabei ihre Lippen fest zusammen und goss mir Muttertagstee nach.

Ich nippte an dem Tee und schaute meine Mutter nachdenklich an, als sie fortfuhr:

„Maria hatte immer so gerne Himbeersaft getrunken und ich hatte ihr welchen geben wollen, aber da war sie bereits bei den Engeln", schnaufte sie, setzte sich neben mich und rührte in ihrer Tasse, wobei ihr Blick ins Leere fiel.

Ihr versteinerter Blick schien sich langsam auf mich zu übertragen, denn ich hatte keine Worte mehr, als sie fortfuhr:

„Wir Kinder haben halt auf dem Kartoffelfeld gespielt … und, und da …", schluchzte sie weinerlich, „wie hatten wir denn wissen können, dass das gar keine Kartoffeln waren, sondern Granaten, die da überall herumlagen?", schaute sie mich verzweifelt an.

„Da hatte es häufig jemand zerrissen, wer wusste denn, wo alle diese Bomben herumlagen", bekräftigte sie mein Vater, der sich soeben an den Küchentisch setzte und die glühenden Bäckchen meiner Mutter streichelte.

„An dem Tag, als meine Schwester starb, war Sonntag und das war der Tag, an dem die Frauen, die ja ohne ihre Männer waren, weil die ja im Krieg waren, von den Russen abends in Ruhe gelassen wurden. Das war Glück im Unglück", erzählte meine Mutter monoton weiter.

„Was heißt in Ruhe gelassen?", fragte ich meine Mutter verwundert.

„Na, für die Russen, die ja unsere Besatzer waren, waren die Frauen ohne Männer, Freiwild, an denen sie sich bedienen konnten, wenn sie gerade Lust dazu hatten. Nur sonntags war das verboten, aber die Russen hielten sich nicht immer daran", erklärte mir meine Mutter trocken, ohne mit der Wimper zu zucken.

„Sie mussten sich somit im Heuhaufen verstecken, um nicht vergewaltigt zu werden. Wir kleinen Kinder blieben dann immer die ganze Nacht allein in unseren Betten, uns haben die Russen nichts getan", flüsterte sie.

Als wäre es das Normalste der Welt und sie daran schuld gewesen, entschuldigte sie sich gleich unwirsch:

„Es war doch Krieg, da war das so, das kannst du nicht verstehen."

Tränen bildeten sich in meinem Augeninneren, die ich gekonnt wegwischte, als durfte auch ich diese Trauer nicht zulassen.

Nur weil es Sonntag war, als meine Tante starb, konnte meine hochschwangere Oma voll Trauer über ihre Zweitgeborene mit ihren Kindern die Nacht verbringen, ohne Angst zu haben vergewaltigt zu werden. Ich war völlig schockiert. Nein, ich war paralysiert, mir stockte der Atem, bei dieser grauenhaften Vorstellung und dem Gedanken, was so ein Trauma für Konsequenzen nach sich gezogen hatte und was womöglich „vererbbar" war.

Als ich das seit 70 Jahren irgendwie versteinerte Gesicht meiner Mutter betrachtete blieb mir beinahe das Herz stehen; bei so viel Schmerz. Einen Schmerz, den sie seit 70 Jahren in sich trug und nie verarbeitet hatte und ich wusste nichts davon, weil sie nie darüber reden konnte. Und jetzt brach alles heraus.

Unfähig etwas zu sagen, geschweige denn sie zu trösten, ihr den Arm um die Schultern zu legen, saß ich da und schaute schweigend zu, wie auch sie endlich feuchte Augen bekam und mich tiefe Traurigkeit überkam. Wir haben danach nie mehr darüber geredet, es wäre zu schmerzhaft gewesen, wieder alles hoch kommen zu lassen.

Die Vertreibung

Die Familie meiner Mutter wurde nach dem Krieg enteignet und nach Süddeutschland vertrieben. Sie nahmen in dem Güterwaggon, in dem man sie wie Vieh abtransportierte, alles mit, was sie tragen konnten. Alles andere gehörte ihnen nicht mehr, kein Vieh, kein Land, kein

Acker, nichts. In Bayern angekommen, teilte man sie nach deutschem Gesetz einem Bauern zu, der sie aufnehmen musste. Dort hütete meine Mutter, wie ihre Schwestern, Kinder anderer Familien, damit das Geld reichte, während der Bauer und die Bäuerin ihre Eltern wie Knecht und Magd behandelten, bis sie nach langen Jahren harter Arbeit, genug Geld gespart hatten, um sich eine eigene Existenz aufzubauen.

Familiengründung

Meine Mutter war, als sie jung war, eine wunderschöne Frau gewesen. Dann lernte sie meinen Vater kennen, heiratete und zog mit ihm und uns, nach und nach geborenen drei Kindern, in den folgenden 14 Jahren, innerhalb von Bayern viermal um. Filialschließungen. Das letzte Mal, als ich 14 Jahre alt war. Vier Jahre später suchte ich dann selbst das Weite.

„Völkerwanderung"

Wir lebten damals am Wochenende zeitgleich in Österreich bei zu betreuenden Verwandten. Wir Kinder hatten das Licht der Welt an unterschiedlichen Orten Bayerns erblickt. Meinen Geburtsort verließ ich mit acht Lebensmonaten, wie man mir erzählte. Dorthin kehrte ich erst später für zwei Jahre im Verlauf meiner ersten Ausbildung zurück.

„Sie san aba ned fo do, gei? (Sie sind aber nicht von hier, nicht wahr?)", hörte ich des Öfteren, da ich nicht exakt den voralpenländlichen Dialekt sprach, obgleich ich ihn meist verstand.

Und einen bayrischen Nachnamen hatte ich auch nicht. Wie dumm aber auch. Niemand glaubte mir, dass ich dort geboren, „sozusagen" eine Einheimische war, obwohl ich dort nicht aufgewachsen war.

Arischer Nachweis

Mein Vater wurde als kleiner Junge auch vertrieben, aus Böhmen, ebenfalls heute Tschechien, wo seine Familie zweihundert Jahre gelebt hatte. Das konnte er belegen. Arischer Nachweis nannte man das. Er hatte noch mehr Erinnerungen, die noch gruseliger waren. Aber die wollte ich erst gar nicht wissen. Das war zu viel für mich.

Kindheit

Als ich den Kindergarten besuchte, erwischte meine Mutter eine Eisenschaukelstange am linken Auge, woraufhin sie in der Folge an einer Nervenkrankheit litt. So genau verstand ich das damals nicht. Viele verschiedene Krankheiten reihten sich aneinander. Sie fing an, ständig auf irgendeine Weise krank zu sein. In meiner Erinnerung war sie fast immer schlecht gelaunt und wir mussten ihr fortwährend gehorchen. Gleichwohl sie verantwortungsbewusst für uns sorgte.

Ein mobiler Landbäcker brachte uns jeden Samstag drei Brezen, fünf Semmeln und ein Bauernbrot. Wenn wir unterwegs waren, wir waren oft unterwegs, hängte er diese in einer Plastiktüte an unsere Haustür. Es wurde, wie auf dem Land üblich, angeschrieben. Man vertraute einander.

Außerdem tuckerte regelmäßig ein Bauer auf einem Traktor, der Kartoffeln verkaufte, an unserem Haus vorbei. Ich hatte Angst vor der Landmaschine, weil sie so gigantisch und laut war. Den Dialekt des Bauern verstand ich nicht, denn er war mir zu ausgeprägt. Der Bauer schaute uns Kinder aber ganz freundlich an und zwinkerte uns zu.

Meine Mutter schickte mich oder meine ältere Schwester, kaum, dass wir zählen konnten, Wurst kaufen zum Metzger auf der gegenüberliegenden Straßenseite. Ich hatte reichlich Mühe mir alles richtig zu merken und aufzusagen.

„Also: 200 Gramm geschnittene Gelbwurst, 200 Gramm geschnittene Paprikawurst, 200 Gramm geschnittene Salamiwurst, 3 Kabanossi und 5 Wiener, hat die Mama gesagt“, arbeitete ich meinen Text ab, den ich auswendig gelernt hatte.

Die Verkäuferin war die Freundin des Bruders einer Klassenkameradin und sprach hochdeutsch. Sie half mir beim Geld hergeben, als ich ihr meinen Geldbeutel zeigte. Zuhause kontrollierte meine Mutter die Einkäufe nach, ob auch alles dabei war, und dann durfte ich wieder spielen gehen.

Trotz all ihrer mütterlichen Fürsorge war meine Mutter mit der Erziehung meines kleinen Bruders überfordert. So übernahmen ich und meine ältere Schwester teilweise die Verantwortung für ihn und mussten auf ihn aufpassen, damit er nichts anstellte. Ich hatte oft Angst, meine Mutter würde sterben und ich müsste alleine unseren Bruder großziehen. Oder wir kämen alle ins Heim, wohin sie uns ständig schicken wollte, wenn wir nicht artig waren. Das machte mir noch mehr Angst und ich verstand nicht warum.

Aber nicht nur meine Mutter war überfordert mit ihrem unverarbeitetem Trauma zu leben und gleichzeitig eigene Kinder großzuziehen, auch mein Vater. Einmal sperrten unsere Eltern uns einfach aus. Mein Vater schloss die Terrassentür und ließ demonstrativ den Rollladen herunter, woraufhin wir Kinder in unserer Hilflosigkeit in unser Auto, das immer unverschlossen in der Garage stand, flüchteten und nicht verstanden, was passiert war. Da war ich sehr traurig gewesen, weil ich dachte, unsere Eltern mochten uns nicht mehr haben und das fand ich doof. In ein Heim wollte ich nicht, ohne meine Geschwister.

Meinen Vater sahen wir selten. Er war dauernd auf der Arbeit, wenn er nicht im Keller war, um Möbel zu bauen, weil das billiger war. Aber heute denke ich: Er konnte da vielleicht am besten nachdenken, wenn er alleine war, in seiner Werkstatt.

Wir verfügten nicht über viel Geld. Ich hatte nie eigene Kleider, sondern trug die abgetragenen von anderen. Für mich war das normal.

„Eure Mama muss nicht arbeiten, das hat sie nicht nötig“, hörte ich fortwährend meinen Vater tirilieren.

Ich hörte aber auch, dass er sich irgendwie seiner drei Kinder schämte, weil das zu viele waren, weil das asozial war und doch so viel kosten würde, was mich wunderte. Ich dachte, wenn er keine Kinder hätte haben wollen, dann wären wir ja alle gar nicht auf der Welt.

Meine Mutter hatte also, seitdem sie verheiratet ist, im Gegensatz zu ihren Schwestern, nie mehr gearbeitet.

„Und was arbeitet deine Mutter“, fragte mich in den siebziger Jahren meine Schulfreundin, mit der ich immer den gleichen Nachhauseweg hatte.

„Sie ist Mutter und Hausfrau“, entgegnete ich triumphierend, denn ich dachte, das war was Besonderes, das meine Mutter nicht arbeiten musste.

Daraufhin erntete ich ein mitleidiges Lächeln, das ich nicht verstand, denn für mich war die Sachlage klar.

„Kinder-Krankheiten“

Seit zwanzig Jahren nahm sich meine Mutter inzwischen den „Schlaganfallbonus“, denn mittlerweile war sie wahrhaftig krank. Die Herzkrankheit meines Vaters hatte sich dann dazugesellt.

„Da haben Sie aber ein verdammtes Glück gehabt, dass sie noch rechtzeitig gekommen sind“, schnaubte der Oberarzt bei der Visite und studierte die Krankenakte.

Nach einer Herzinfarkt-Notfall-Operation in einem österreichischen Hospital war mein Vater dem Sensenmann nochmal von der Schippe gesprungen. Jetzt war er nicht mehr so belastbar, was er meistens ignorierte, denn er werkelte nach wie vor. Er schien das Risiko zu lieben.

„Wie das Risiko der mit Granaten spielenden Kindern. Böhmischer Sturkopf“, grübelte ich lakonisch.

Inzwischen benützte er wenigstens seinen Spray, wenn es eng wurde, damit wieder genug Blut durch den letzten Stunt in sein Herz floss, der noch funktionierte, denn die anderen beiden, waren schon irreparabel dicht.

Heimatlos

Seit neun Jahren hat sich mein kleiner Bruder unserer „pflegebedürftigen“ Eltern angenommen. Er war wieder bei ihnen, die seit elf Jahren als Auslandsrentner in Österreich lebten, eingezogen. Die Heimatlosigkeit meiner Eltern, inzwischen im zweiten „fremden“ Land (nach Deutschland nun noch Österreich) „verbat“ es, sich von Nicht-Familien-Mitgliedern oder Fremden helfen zu lassen. Denn für was hatte man schließlich Kinder.

„Kinder, die mal „zu viel“ waren, waren jetzt nützlich und willkommen.“, schmunzelte ich nachsichtig in mich hinein.

Seit vielen Jahren musste ich mir diese Definition meines „Lebenszweckes“ anhören und wunderte mich.

„In Deutschland gäbe es zumindest eine Pflegeversicherung. Aber diese wäre ja ebenfalls von „Fremden“ “, seufzte ich oft, wenn ich mit meinem Bruder telefonierte.

Mein kleiner Bruder „opferte“ sein Leben, eher unfreiwillig oder vielleicht, weil er sich aus den „Klauen“ meiner Mutter nicht befreien konnte oder unter der Knute meines Vaters stand, oder weil es einfach bequemer war und er sich so um nichts kümmern musste und nur präsent sein musste oder wer weiß warum. Ich sagte nichts, denn andererseits war ich froh, dass er da war. Dennoch fühlte ich mich oft schuldig, so weit weg zu sein.

Deutsche in Österreich I

Mein Bruder lebte auch in Österreich, weil er nicht mehr in Deutschland leben mochte. Dort hatte er zumindest keine „Probleme“ mit unserem ererbten slawischen

Nachnamen. Denn unsere „Volksgruppe“ war dort aus historischen Gründen offenbar zuhauf vertreten, was man von „bestimmten“ Regionen in Deutschland nicht behaupten konnte. Wobei ich mich fragte, warum das so wichtig war. Aber so langsam wurde mir auch mulmig, wenn ich an Deutschland dachte und seinen Entwicklungen.

Die Sache mit dem Namen

In der Tat musste ich oft erklären und „beweisen“, dass ich einen deutschen Pass hatte und in Deutschland geboren war, obwohl ich keinen deutschen Nachnamen trug. Da fielen mir immer die kuriosesten Situationen ein, die ich und meine Geschwister, in der Hinsicht, was es bedeutete, keinen deutschen Nachnamen zu haben, erlebt hatten.

„Ach Sie können gar kein Polnisch?“, fragte mich einmal eine Mitarbeiterin an meinem ersten Arbeitstag.

Wohin ich ihr erstaunt entgegnete: „Nein, wieso?“

„Na wegen ihrem Nachnamen. Deswegen hatten sie Sie eigentlich eingestellt“, gab sie schnippisch zurück.

Ich war ziemlich baff, vor allem, weil ich wusste, dass sie italienische Vorfahren hatte und kein Wort Italienisch sprach; allerdings einen deutschen Nachnamen hatte.

Oder auch: „Na Sie haben ja einen schwierigen Namen, Sie sind wohl nicht von hier?“

„Von hier? Schon wieder dieses „von hier“. Wo soll das sein?“, überlegte ich dann angestrengt und kam nicht darauf.

Das war Anfang der neunziger Jahre. Dergleichen passierte mir und meinen Geschwistern ständig. Das war oft anstrengend und nervig. Und es passierte mir nach wie vor. Je internationaler Deutschland wurde, desto mehr. Es war schon seltsam. Ich konnte mich nicht erinnern, in meiner Kindheit je von einem „Migrationshintergrund" gehört zu haben, aber den schien ich jetzt „auch zu haben", obwohl ich Deutsche war.

Deutsche in Österreich II

Das Kuriose war, dass ich in Österreich inzwischen genauso verdächtig behandelt wurde:

„Wenn sie hier länger als drei Monate bleiben wollen, müssen Sie einen Antrag stellen", entgegnete mir die Gemeindebedienstete, als ich einen Nebenwohnsitz anmelden wollte.

Um mich länger als drei Monate bei meinen Eltern aufhalten zu dürfen, brauchte ich einen Aufenthaltstitel, musste mein verwandtschaftliches Verhältnis zu meinen eigenen Eltern und ausreichende Existenzmittel nachweisen.

„Womöglich noch mit DNA-Test", schüttelte ich fassungslos den Kopf, „das ist völlig absurd", brummelte ich vor mich hin, als ich das Gemeindehaus verließ und überlegte, ob ich mich jetzt staatenlos melden sollte.

Ich benötige tatsächlich eine Erlaubnis, um bei meinen eigenen Eltern in Österreich leben zu können. Ich habe dort ein Viertel meiner Kindheit verbracht, und jetzt brauche ich eine Genehmigung, um dort sein zu können. Unfassbar. Das war Europa. Absolute Freiheit. Oder besser: das ist Österreich, das den nichtdeutschnamigen Einwandererstrom eindämmen musste, aus welchem Hintergrund sie kommen, war dabei vollkommen egal; solange die EU-Vorschriften umgesetzt wurden.

Aber das Lustigste war, dass die schriftliche Aufforderung, die ich dreimal bekommen hatte, von jemand unterschrieben worden war, der einen noch unaussprechlicheren und noch undeutscheren Nachnamen hatte, als ich selbst. Da musste ich herzlich lachen. Ich antwortete darauf, dass ich sicher nie vorhaben werde, mich länger als drei Monate in diesem heiligen Österreich aufzuhalten und es mir ja nur ums Prinzip gegangen wäre. Man wusste ja nie. Ich hörte nie wieder etwas von Frau „Unaussprechlich“.

Slawische Schriftstellerfamilie

Mein Vater schrieb, seit einigen Jahren gegen das Vergessen des Unrechts an seiner Volksgruppe, seine Lebenserinnerungen, die eine sudetendeutsche Zeitschrift veröffentlicht hatte. Sie wurden inzwischen, ohne sein Wissen, und ohne seine Erlaubnis, wiederum von einer tschechischen Zeitschrift übersetzt und auf Tschechisch veröffentlicht.

Als ich den „tschechischen“ Artikel mit Google-Translater zurückübersetzte und ihn im Internet meinem Vater zeigte, meinte dieser etwas pikiert:

„Ich bin mir nicht sicher, ob die tschechische Übersetzung den Text nicht etwas geschönt hat, denn das hier in der deutschen Rückübersetzung, hatte ich etwas anders geschrieben.“

„Na klar, keiner ist ja schuld“, bemerkte ich zynisch, bemüht ihn zu verteidigen.

„Naja die, die das übersetzt haben, waren ja nicht dabei, und können es auch gar nicht besser wissen. Denn das heutige Tschechien will mit seiner unrühmlichen Vergangenheit ja nichts zu tun haben", konterte daraufhin mein Vater, wobei er so tat, als wollte er gar keine Wiedergutmachung; aber das glaubte ich ihm nicht ganz.

Meine Schwester wurde Lyrikerin. Ihr lag es, wie Rainer Maria Rilke, vom gleichen Volksstamm, im Blut. Und ich schrieb, seit ich schreiben konnte. Schreiben war wie weiter atmen und dachte an die Schriftsteller Franz Kafka, Egon Erwin Kisch und die Schriftstellerin Lenka Reinerova, die wohl auch irgendetwas mit meinem Volksstamm zu tun hatten. Schreiben gegen die Ignoranz und Blindheit. Schreiben gegen die Unwissenheit. Schreiben, um das Denken anzustoßen. Schreiben gegen die Ungerechtigkeit. Schreiben gegen die Machtlosigkeit. Schreiben aus Verantwortung. Schreiben für die Menschen, die keine Stimme haben. Schreiben für die, die nicht gehört werden. Schreiben für die Menschlichkeit. Schreiben für die Menschenrechte. Schreiben für die Menschenwürde.

Mein Vater war stolz auf mein Schreiben, obwohl er meine Geschichten nicht verstand, was an und für sich merkwürdig war. Denn meine Themen beschäftigen sich hauptsächlich mit „Migration". Davon wollte er nichts wissen.

Ausländer im Ausland oder Heimat ist überall

Trotzdem lebte er als Ausländer, „Migrant", im Ausland, obwohl beides seine „Heimat" war. Nach elf Jahren wollte er jetzt wieder zurück nach Deutschland, denn langsam fühlte er sich wirklich als Ausländer. Aber er hätte sich wahrscheinlich an jedem Ort der Erde als Ausländer gefühlt, da es seine eigentliche wirkliche Heimat geografisch gesehen nicht mehr gab.

Meine Mutter hatte keine Vorstellung, von dem, was ich tat. Dazu hatte sie zu viel ab bekommen, um das geistig zu erfassen. Sie tat mir oft leid, auch wenn ich an ihre von einer Granate ins Jenseits beförderte Schwester, meine Tante, dachte. Manchmal hatte sie jedoch Lichtblicke in ihrem täglichen „Überlebenskampf". Dann freute sie sich über die blühenden Blumen und Pflanzen, die sie mit großer Begeisterung säte und sorgsam hütete und hegte.

„Das sind meine Kinder", sagte sie dann verträumt.

Das war ihre Art, noch am Leben teilzuhaben, indem sie neues Leben „schaffte". Für sie war es egal, wo sie lebte, die Hauptsache sie hatte ihre Blumen, dann war sie zuhause.

Das letzte Mal, als ich bei ihr war, hatte sie mir einen kleinen Zettel geschrieben, worauf in altdeutscher krakeliger Schrift, so dass ich es kaum entziffern konnte, stand:

"Alless Gute für Zukunft Gotes Segen".

Ich habe noch heute Tränen in den Augen, wenn ich daran denke.

Taube Finger fühlen im Kopf

Drama-Kurzgeschichte

Widmung

Für alle unheilbar Erkrankte, die den Mut nicht verlieren und für Heiko (gestorben Juli 2006), der es nicht geschafft und den Freitod gewählt hatte und allen Opfern der Pharmazie, gestorben an Nebenwirkungen bei dem Einsatz von Medikamenten bei unheilbaren Krankheiten; insbesondere für alle verstorbenen MS-Erkrankte aufgrund von Nebenwirkungen und Komplikationen durch die erfolgversprechende medikamentöse Therapien mit: Tysabri, Tecfidera und Gilenya der letzten Jahre weltweit.

Gesundheit ist nicht die Abwesenheit von Krankheit. Gesundheit ist eine Lebenseinstellung. Man kann sich gesund fühlen, obwohl man krank ist. Aber dann verdienen die Pharmakonzerne ja nichts. (Luzie Pan)

Vorwort

Kommentar einer Kinderkrankenschwester:

„Durch eine chronische Erkrankung zeigt sich der Lebenswillen doppelt so stark; die Enttäuschung häufig doppelt so schmerzhaft. Der Sinn des Daseins darf nicht nur auf den Kampf mit der Krankheit und deren Auswirkungen reduziert werden; je jünger ein Mensch ist, desto leichter scheint ihm das zu fallen.

Interessant ist es, zu sehen, wie Menschen mit chronischen oder nicht heilbaren Erkrankungen umgehen und wie die anderen darauf reagieren, zwischen Unterstützung und Verleugnung. Anika erlebt beides: sie erkrankt, aber weiß vorher auch von diesem verschollenen Freund. Was sagen eigentlich selbst Betroffene dazu? Fühlen sie sich erkannt, mit ihren Leiden und Freuden?"

Kommentar einer Designerin:

„In dieser Geschichte wird auf interessante Weise der Lebensabschnitt einer jungen Frau erzählt. Das Thema Krankheit wird von der Protagonistin immer wieder reflektiert. Sei es in ihrem eigenen Leben oder in der Episode eines alten Freundes, die parallel läuft. Der Leser wird aufgrund der chronologischen Erzählweise angeregt, sich ein Bild über die persönliche Entwicklung der Frau zu machen. Trotz der Kürze werden spannende Momente aufgezeigt. Die Orte sind bunt gewählt und nehmen Einfluss auf die Handlung. Einige Fragen bleiben offen, die den Leser möglicherweise über die Lektüre hinaus beschäftigen werden."

Kommentar einer Autorin:

„Ich finde, es liest sich flüssig und du beschreibst sehr anschaulich (Rollstuhlszenen)."

Kommentar von Caroline R. (Autorin):

„Ein Buch über die Geschichte einer jungen Frau, parallel dazu die Geschichte ihres alten Freundes. Die Protagonistin lässt uns an ihrer Gefühlswelt teilhaben, erzählt nicht nur über ihr Gefühlschaos das immer wieder in mutige Schritte endet, aufgeschlossen und mit viel Energie bietet sie der MS die Stirn.... das Ende bleibt offen, was nicht wichtig ist.... denn die Geschichte erzählt Jahre vor und nach der Diagnose, spiegelt ein mutiges spannendes Leben, reißt einem mit und man möchte diese Frau gerne kennen lernen! Ein Gesicht unter 1000 Gesichter der MS - aber ein bedeutendes! Auch die Einleitung zum Buch war sehr ansprechend, wunderbare Worte an die Leserschaft und ihre Freunde. Hat mir sehr gut gefallen. Schrift, Layout und Text sehr gut!"

Anonymer Kommentar:

„Männer- und Krankheitsgeschichten miteinander verknüpft, wie im echten Leben. Eine Handlung die viele Denkanstöße bietet."

Kommentar von Arno von Rosen (Thriller-Autor):

„Die Erzählung trifft genau den Nerv im Kopf, und gewährt einen realistischen und tiefen Blick in die Gefühlswelt von chronisch kranken Menschen, die, um der hohen

Kosten willen, Zusehens entmenschlicht werden. Brillanter Lesestoff.“

Zitat

„Da trat eine Frau,

die schon zwölf Jahre an Blutungen litt,

von hinten an ihn heran und

berührte den Saum seines Gewandes;

denn sie sagte sich:

Wenn ich nur sein Gewand berühre,

werde ich geheilt.

Jesus wandte sich um,

und als er sie sah, sagte er:

„Habe keine Angst, meine Tochter,

dein Glaube hat dir geholfen.

Und von dieser Stunde an

war die Frau geheilt."

(Mt 9, 20-22 (NT))

Taube Finger fühlen im Kopf

Berlin. Oktober 2006.

Den Rollstuhl zusammengeklappt, schepperte Anika damit mühevoll die letzten Stufen bis zu ihrer Wohnung hinauf. Plötzlich ergriffen zwei Hände den Rahmen des Rollstuhls und trugen ihn in den ersten Stock. Es war Jürgen, ihr Freund. Oben angekommen grüßte sie im Vorbeigehen ihre türkische Nachbarin Alev, die soeben aus ihrer Türe schritt. Dann taumelte Anika durch die Türe in ihre Wohnung. Dort wedelte ihr Jürgen mit einem Brief entgegen und raunte: „Reha-Bewilligung!"

Darauf antwortete ihm Anika schmunzelnd: „Schon? ... Ach! Wie lustig, gerade entlassen!", und ließ sich auf dem Rollstuhl nieder, den ihr Jürgen entgegen schob.

Leipzig. März 1997.

Der Orthopäde im Uni-Krankenhaus laberte, angesichts des vor ihm hängenden Röntgenbildes, mit seinem Kollegen über gegenseitige Meniskusoperationen. Die offensichtlich wichtiger waren, als der vermeintliche Knochentumor der vor ihnen sitzenden Patientin.

„Das ist eine Bombe, die irgendwann hochgeht! Damit werden Sie keine vierzig Jahre alt!", war alles was ihm, unter eifriger Zustimmung seiner Studenten um ihn herum, einfiel.

Reichlich schockiert begriff Anika, dass sie hier im Grunde genommen als „Vorführobjekt" diente und nicht als Patientin galt. Ein paar Jahre später war diese angebliche „Bombe" plötzlich verschwunden. Die Natur hatte doch nicht Recht gehabt.

Leipzig. Juli 2003.

Für Anika stand das letzte Examen, und damit die Zulassung zum Diplom, vor der Tür. Während sie kurz vor Mitternacht nochmals ihre Prüfungsaufgaben durchsah, erschien auf einmal Tino, ein guter Freund, schwer chronisch krank, auf dem Bildschirm ihres PCs.

„Du, ich mache Schluss!", las sie da.

„Wie Schluss?", Anika verstand nicht.

„Na mit dem Leben!"

„Spinnst du! Ich dachte, es geht dir besser!"

Anika war das vertraut, das lief schon ewig so. Eben verkündete ihr Tino noch fröhlich auf ihrer Couch, dass jetzt alles gut werde und jetzt das! Immer das Gleiche. Wie ging ihr das auf die Nerven.

„War doch nur Spaß", stand da nach einiger Zeit.

Anika seufzte und schob entrüstet hinterher:

„Damit macht man keine Späße!"

Keine Antwort. Dann eben nicht. Sie klickte ihn weg. Mit komischem Gefühl schlurfte sie ins Bett. Am nächsten Tag war er nicht im Chat. Nie wieder.

Berlin. Juli 2005.

Inzwischen arbeitete Anika in einem Museum und wohnte mit Jürgen, der bei einem Bauunternehmen malochte, zusammen. Sie führten ein normales Leben. Nur Tino rumorte immer noch in ihr. Sie hatte der Leipziger Polizei damals von seinem Verschwinden und seiner Selbstmorddrohung, die er danach wieder ins Lächerliche gezogen hatte, erzählt. Außerdem, dass er eine „Todesspritze“ besaß, von der sie hoffte, er würde sie nie benutzen. Die Polizei interessierte Letzteres in höchstem Maße. Deshalb ließen sie ihn suchen. Sie witterten einen Verstoß gegen das Betäubungsmittelgesetz! Der mögliche Selbstmord juckte sie weniger. Aber alle Suchaktionen waren bisher erfolglos geblieben.

Eines Tages merkte Anika, dass sie auf dem linken Auge alles halb und bald überhaupt nichts mehr sah. Das beunruhigte sie und sie eilte zum Augenarzt. Der diagnostizierte eine Sehnerventzündung und verwies sie zum Neurologen.

Ihr verständnisloser Freund belächelte sie und nahm ihre „Halberblindung“ gar nicht ernst. Nach einer fünftägigen Kortison-Therapie dauerte es eine gewisse Weile, bis sich wieder Klarsicht einstellte. Aber das war noch nicht alles; weitere Symptome traten auf. Ihr linker Arm, inklusive Hand und Finger, wurde von Tag zu Tag immer tauber. Die Diagnose war: Multiple Sklerose. Was Anika völlig aus der Bahn warf, zweifelte Jürgen nur an.

Schwarzwald. Oktober 2006.

Die polnische Oberärztin in der Reha-Klinik im Schwarzwald verstand im wahrsten Sinne des Wortes kein Wort und baute sich ihren eigenen Befund zusammen. Demnach lief die Therapie auch ab, worüber sich Anika nur aufregte. Nebenbei hatte sich rechts eine schmerzhafte Halbseitenlähmung ersten Grades dazugesellt, die sie schlussendlich in den Rollstuhl beförderte. Das Fortbewegen im Rolli war eine Katastrophe. Vielmehr das vorhergehende Rollstuhltraining. Sie war nur in der Lage die beiden Hände auf „gut Glück" zu benutzen, denn sie hatte keinerlei Gefühl darin. Aber sie schwor sich alles zu unternehmen, um sobald wie möglich aus diesem Rollstuhl heraus zukommen, auch wenn sie dabei höllische Schmerzen litt. Die Hauptsache unabhängig.

Bald darauf ließ sich Anika aus der Reha-Klinik vorzeitig entlassen. Sie hatte die Nase gestrichen voll. Der Neurologe, der sie sodann betreute, hatte mit der Pharmaindustrie „Verträge", wie Anika vermutete, und setzte sie mit Rebif-Interferon-Spritzen unter Druck. Denn das war angeblich das Mittel der Wahl, aber mit einer Menge Nebenwirkungen gratis. Nach monatelangem Kampf gab Anika schließlich nach. Die Spritzen verschlechterten ihre Lebensqualität jedoch beachtlich. Sie dachte nach. War es bei Tinos Erkrankung nicht gleichermaßen geschehen? Als er nach endlosem Warten den „Hardcore-Chronisch-Krank-Zustand" erreicht hatte und ihm die Krankenkasse ENDLICH die Medikamente bezahlte, halfen die einen Dreck. Es wurde nur noch schlimmer.

Anika seufzte. Wo war er nur? Sie hatte nie wieder etwas von ihm gehört. Sozialarbeiter, an die sie sich gewandt hatte, erzählten ihr, dass er sich sicherlich ins Ausland abgesetzt hatte. Als wäre das so einfach gegangen. Diese Idioten. Was wussten die von seiner Krankheit.

Da sie keinen Bock auf das Gerede im Viertel hatte, traute sie sich, mit dem Rollstuhl oder dem Stock, den sie hilfsweise benutzte, kaum mehr aus dem Haus. Vor lauter Müdigkeit; wegen den Nebenwirkungen, lag sie ohnedies fast nur flach.

Berlin. November 2007.

Irgendwann hatte sie genug von den Spritzen und setzte sie eigenmächtig ab. Mit intensiver Krankengymnastik, Qi Gong-Kursen und konsequenter Ernährungsumstellung ging es ihr langsam immer besser; sie konnte wieder normal Laufen und ihre Hände gebrauchen.

Nun durfte sie endlich schwanger werden, denn keine Injektionen schadeten mehr einem ungeborenen Kind. Vielleicht konnte sie damit ihre angespannte Beziehung retten.

Berlin. Dezember. 2008.

Eines Tages kam ein Anruf von der Leipziger Polizei, die sie auf abenteuerliche Weise über das Internet ausfindig gemacht hatte. Bauarbeiter hatten die vertrocknete, vollkommen verweste Leiche von Tino in einer Bauruine, wo sie fünf Jahre unentdeckt gelegen hatte, gefunden. Ein Fremdverschulden war nicht auszuschließen. Wieso Fremdverschulden? Anika stockte der Atem. Wer hatte ihn töten wollen? Oder hatte er sich wirklich umgebracht?

Eine Spritze war nicht gefunden worden. Ihr schwirrte der Kopf. Aber auch aufgrund anderer Probleme.

Trotz des Absetzens der Spritzen trat keine Schwangerschaft ein und die Krise spitzte sich immer mehr zu. Ihr Freund gab ihr die Schuld; sie wolle gar kein Kind von ihm. Anika war fassungslos. Was für ein Idiot! Er hatte echt keine Ahnung, unter welchen psychischen Druck er sie setzte; kein Wunder, dass sie kein Kind behielt. Denn was Jürgen nicht wusste war, dass sie zwei Fehlgeburten erlitten hatte, wie sie von ihrer Frauenärztin im Nachhinein erfuhr. Bei der Eierstock-Operation vor ein paar Jahren und den ständigen Gebärmutterhalskrebstests, da war das kein Wunder. Aber sie sagte nichts. Tino hätte nur Bahnhof verstanden, bei so einem Frauenkram. War sie denn eine Gebärmaschine? War das alles ihre Schuld? Gleichzeitig fühlte sie sich auf irgendeine Weise „schuldig" am Tod von Tino. Oder wurde er wirklich getötet? Und von wem? Unausweichlich folgte die Trennung von Jürgen. Es hatte keinen Sinn mehr.

In ihrer Verzweiflung wandte sie sich an ihre hilfsbereite Nachbarin Alev, bei der sie endlich einmal durchschnaufen konnte; ohne Grübelei. Sie fühlte sich frei, lernte Börek und türkischen Tee zubereiten und entspannte sich endlich wieder.

Berlin. Juli 2009.

Die Polizei hatte mittlerweile einen Dealer dingfest gemacht. Dieser hatte Tino vermutlich den „goldenen Schuss" verkauft. Da Tino nicht gezahlt hatte, hatte er diesen von ihm zurückgefordert. Wie dieser zu Tode kam, wusste er nicht. Man führte ihn ab und er saß ab sofort in

U-Haft. Nachdem man keine Beweise gegen ihn in der Hand hatte, wurde er bald wieder freigelassen.

Berlin. September 2009.

„Komm doch mit nach Istanbul!“, trällerte eines Tages Alev, als sie mit Anika das Frühstück zubereitete.

Anikas Herz schlug schon lange für diese so andere Kultur, die sie zudem von ihren Problemen ablenkte.

„Ok, ich komme mit!“, wisperte Anika spontan und nippte an ihrem türkischen Teegläschen in ihren Händen, während sie sich damit an den Küchentisch setzte.

Istanbul. Oktober 2009.

In Istanbul angekommen, vermittelte ihr Alev unerwartet einen Job, den sie gleich annahm. Sie wollte alles hinter sich lassen und fühlte sich gesund und frei. Nach allem, was sie hinter sich hatte, zog wieder Frühling bei ihr ein! Kurz darauf sah sie durch das Fenster, wie Jürgen vor ihrem Haus stand. Er hatte sie gefunden!

„Anika, verzeih mir, ich bin an allem schuld. Ich bin gar nicht zeugungsfähig! Komm zurück zu mir!“, flehte er sie an.

Anika schaute ihn eindringlich an und schüttelte langsam den Kopf, nachdem sie die Wohnungstür einen kleinen Spalt geöffnet hatte.

„Nein, hier ist mein Zuhause, hier bin ich glücklich“, erwiderte sie und schloss sanft die Tür.

Nach einiger Zeit lernte sie Erkan kennen und lieben. Eine aufregende Zeit nahm ihren Lauf, in diesem fremden Land, weit weg von zuhause.

Istanbul. September 2010.

Doch allmählich schlug ihre anfängliche Begeisterung unwillentlich ins Gegenteil um.

Berlin. März 2011.

Sie hatte eine Weile gebraucht, um sich innerlich von dieser besitzergreifenden Beziehung zu lösen, die ihre Selbstbestimmung fast ausgelöscht hatte und sie auch noch ihren neuen Job verlor. Als sie am Verzweifeln war und jeden Lebensmut eingebüßt hatte, erschien ein schon totgeglaubter Hoffnungsstrahl. Mit Hilfe von Jürgen, der immer noch auf sie wartete, schaffte sie eine waghalsige Flucht nach Deutschland.

Wieder zuhause war ihr alles angenehm vertraut, was sie vorher verlassen hatte. Sie resümierte, dass sie durch alle diese tiefgreifenden Erfahrungen in den letzten Jahren viel gelernt hatte. Ihr schien es, als wenn chronische unheilbare Krankheiten besiegbar waren, wenn man sich für das Leben entschied; dass sie, trotz aller kultureller Offenheit und Toleranz, Grenzen haben durfte; und dass sie ihre eigene Identität nicht verleugnen musste. Aber das Wichtigste war, dass es ihr jetzt möglich war, zu verzeihen und einen Neuanfang zu wagen, da sie mittlerweile alles in einem anderen Licht sah.

Anika erzählte Jürgen von Tinos Tod und sie fuhren gemeinsam zu seinem Grab. Für einen Augenblick war sie mit sich und der Welt versöhnt. Ihre Schuldgefühle fielen von ihr ab, die sie insgeheim die ganze Zeit in Istanbul mit sich herumgetragen hatte.

Das hielt trotz alledem nicht lange an und neue Wolken kamen auf.

Berlin. Juli 2012.

Der nächste große MS-Schub kam im Sommer. Das Gefühl im ganzen linken Arm inklusive der Hand hatte sich verabschiedet: Alles taub. Sie ignorierte es eisern. Hatte sie sich doch in den letzten Jahren als geheilt betrachtet; was sollte jetzt dieser Schub? Eine unheilvolle Ahnung stieg in ihr hoch: Die MS schlief nicht, auch wenn sie nicht aktiv war.

Berlin. Mai 2013.

Im Mai schoss ihr der nächste Schub das Gefühl in den Beinen und Füßen weg und sie konnte sich nur noch wie auf Erbsen fortbewegen. Beim Abrollen der Füße beim Gehen fühlte sie den Boden nicht; die Bewegung lief nur über den Kopf, als hätte sie Holzbeine. Aber glücklicherweise hatte sie keine Schmerzen, wie vor acht Jahren und war in der Lage zu laufen. Beharrlich ignorierte sie das Gefühl, wie in Watte gehüllt herum zu wandeln, und stapfte zu einem Kongress, um auf andere Gedanken zu kommen. Man sah ihr ja nichts an außer, wenn sie stolperte. Dann überspielte sie das geschickt mit einem Lächeln ob ihrer kleinen Ungeschicklichkeit. Anika genoss es, unter Leuten zu sein und Menschen kennenzulernen, die sie von ihren Schwierigkeiten ablenkten. Darunter war Johannes, frisch geschieden. Er faszinierte sie und sie hatte sich fast in ihn verliebt. Nach der Tagung verlor sie ihn leider aus den Augen und alles war wieder wie vorher.

Nachdem sie sich seit Monaten wie in einem Raumschiffsanzug fortbewegt hatte, entschied sie sich zwangsläufig für eine zweite Cortison-Infusions-Stoß-Therapie. Sie wollte endlich wieder normal laufen können. Zum Glück schlug diese nach fünf Tagen rasch an und nach einem Monat konnte sie sich fast wieder normal fortbewegen. Sie hatte im wahrsten Sinne des Wortes wieder echten Boden unter den Füßen, den ihr der Schub förmlich weggezogen hatte.

Immer noch schockiert von dieser Tatsache und aufgrund des Drängens ihrer Ärztin gab sie sich schließlich geschlagen. Sie fing wieder an, sich Interferon zu spritzen. Dieses Mal Betaferon, das am besten erforschte und älteste Medikament, das es gab, und zwar alle zwei Tage. Erstaunlicherweise vertrug sie es bestens, ohne jegliche Nebenwirkungen.

Da ihr letzter Schub sie dermaßen aus der Bahn geworfen hatte, war eine endgültige Trennung von ihrem Freund unausweichlich. Denn, ihr Freund wollte immer noch Kinder und eine weitere Untersuchung hatte ergeben, dass er doch Kinder zeugen konnte. Aber Anika hatte weiß Gott andere Probleme. Sie hatte sich für das Leben entschieden, wollte nicht mehr damit spielen, ständig der Gefahr ausgesetzt, einen neuen Schub zu bekommen, wenn sie keine Medikamente nahm, unter denen sie nicht schwanger werden durfte, auch wenn diese nur zu 30 Prozent einen Schub verhindern konnten. Er musste sich eine andere Frau zum Kinderzeugen und Familie-Gründen suchen, sie stand nicht mehr zur Verfügung. Sie wollte leben, so normal wie es möglich war.

Berlin. August 2014.

Nach einer zweiten Reha fühlte sie sich wieder prächtig. Es war ein voller Erfolg. Kurz bevor die anschließende ambulante Reha startete, bekam sie trotz Betaferon, nach nur zwei Monaten urplötzlich einen weiteren Schub: wieder taube Finger und das Gefühl wie in einem Zwangskorsett zu stecken, das sie bis zur Brust zuschnürte. Als würden ihr Kopf und ihre Beine getrennt vom Rest existieren. Dieses Mal ging sie sofort zum Arzt, denn es reichte ihr. Sie verstand die Welt nicht mehr und ihre MS schon gar nicht.

Nach einer dritten wieder fünf-tägigen einstündigen Cortison-Infusions-Stoß-Therapie, die diesmal kaum einen Effekt hatte, stand ihr eine Umstellung auf eine Eskalationstherapie mit Tysabri, einer monatlichen Infusion unter strengster Betreuung bevor. Diese Infusion galt als sehr wirksam, senkte zu 50 Prozent das Schubrisiko, setzte lediglich das Immunsystem herab und konnte nur verabreicht werden, wenn man einen bestimmten Virus nicht hatte. Denn dieser konnte eine tödliche Gehirnentzündung auslösen. Aber was war das schon, für ein paar Jahre länger leben ohne Schub. Schübe, die sich womöglich nicht mehr zurückbildeten, wie das bisher glücklicherweise immer der Fall gewesen war. Und Schübe, die jedes Mal neues vernarbtes Gehirngewebe erzeugten, oder Vernarbtes wieder vernarbten, bis irgendwann das gesunde Gehirnvolumen immer kleiner wurde. Eine andere Alternative waren die täglichen Gilenya-Kapseln, bei der alleinig das Risiko von Hautkrebs und anderen schönen Sachen im Angebot waren. Wirklich keine rosigen Aussichten.

Anika dachte mit Schauern daran, was für ein Lebensrisiko ihr bevorstehen würde, falls sie sich tatsächlich für Tysabri oder Gilenya entscheiden sollte. Tysabri war bereits einmal vom Markt genommen worden, als die ersten Patienten starben, und nur unter strengsten Auflagen wieder zugelassen worden. Hatte ihre Neurologin nicht gesagt, dass sie das reichlich abwägen sollte, welches Risiko sie eingehen wollte, denn es waren das keine Lutschbonbons. Anika war verzweifelt. Was sollte sie tun? Sie dachte an Tino, der das Leiden durch seine chronische Krankheit offensichtlich pragmatisch, wenn auch makaber, beendet hatte. Diesem Weg wollte sie auf gar keinen Fall folgen. Sie war doch eine Ross-Natur, das wäre doch gelacht.

Der Schub dauerte diesmal ewig, bis er wegging. Aber sie musste arbeiten, denn das Krankengeld für diese Diagnose war bereits ausgelaufen, dazu brauchte sie ihre Finger. Da half es nur, die Bewegung der Finger über den Kopf zu steuern, wenn sie die Tastatur bediente. Einen Arbeitsausfall konnte sie sich nicht leisten, denn sie hatte Angst um ihren Job, sonst wäre sie bei Hartz 4 gelandet. Aber was war das schon bei diesen lebensrisikoreichen Aussichten.

Sie harrte aus und versuchte ihre Einschränkungen, so weit wie möglich, zu ignorieren. Was blieb ihr anderes übrig? Ignorieren, dass ihr alles aus der Hand fiel, wenn sie es nicht fest genug anfasste. Dann das Glückspiel, die richtigen Tasten auf der Tastatur zu treffen, damit sie nicht alles zweimal schreiben musste, oder beim Bezahlen an der Kasse das Kleingeld richtig zu greifen. Dabei reichte sie oft entschuldigend ihren Geldbeutel der Verkäuferin, damit sie sich das passende Geld heraus klaubte, und hielt damit regelmäßig den ganzen Laden auf. Sie zog kurzer Hand keine Blusen und Hemden mehr an, weil sie die Knöpfe nicht mehr zubrachte. Inzwischen war sie Profi im Ignorieren und im Sich-Freuen, wenn ihr einmal kein Missgeschick widerfuhr.

Berlin. Januar 2015.

Nachdem nach Monaten der Schub endlich verschwunden, sie ihre tauben Finger nicht mehr im Kopf fühlen musste und ihr gesamtes Körpergefühl wieder zurückgekehrt war, hatte sie sich entschieden. Kein Tysabri.

Sie marschierte zur Neurologin, holte sich ein neues Rezept für Betaferon und machte dabei eine abenteuerliche Erfahrung. Die Arzneiverordnung, die sie in der Apotheke abgab, wollte man ihr gegen eine billige Generika-Version einlösen, welche die Neurologin darauf verordnet hatte, was Anika nicht interpretieren konnte. Somit sparten die Ärztin und die Krankenkasse 400 Euro; statt 1800 Euro nur 1400 Euro für die Kasse, die Doktorin schonte ihr Budget, und die Sache war erledigt. Anika war entsetzt, als ihr das der Apotheker vorrechnete. Sie fühlte sich mit einer Aldi-Ersatz-Droge abgespeist, weil sie eine so teure MS-Patientin war. Wenn sie schon gezwungen war, sich dieses Zeug jeden zweiten Tag rein zu jagen, was sie jedes Mal zum Jaulen brachte, manchmal kam sie sich vor wie ein Junkie, mit blauen Flecken überall, dann bitteschön mit der Original-Version. Aber sie kam hinter das Rabatt-System und über den Umweg einer 3-Monats-Packung, anstatt der 1-Monats-Packung, erlangte sie endlich die Original-Version. So hatte sie dem billigen Pharmaunternehmen, der Krankenkasse und der Ärztin nochmal ein Schnippchen geschlagen.

„Wie gut, dass ich die richtige Krankenkasse habe, die Rabatte mit den Pharmafirmen hat“, schüttelte Anika den Kopf, während sie an ihrem türkischen Tee nippte, und blickte Alev ernst an.

„Ja, es ist ein Wahnsinn, der auf dem Rücken der Patienten ausgetragen wird, wenn man das vorher immer wüsste“, pflichtete ihr Alev bei, als sie Anika Tee nachgoss.

„Aber andererseits bin ich froh, dass ich in Deutschland lebe. Woanders werden diese Medikamente von den Krankenkassen gar nicht bezahlt!“, sinnierte Anika weiter und rührte noch Honig in den Tee.

„Es gibt allerdings auch Länder, wo diese Medikamente sogar billiger sind, hab ich gelesen“, entgegnete ihr Alev, goss sich selbst Tee ein und schlenderte zum Herd, um die Teekanne wieder auf die Gasflamme zu setzen.

„Die Preise legt wohl die Börse oder der Dax fest“, prustete Anika amüsiert.

Nach einer Weile setzte sie sich aufrecht und ihr Blick verfinsterte sich.

„Weißt du was ich noch erfahren habe?“, fuhr sie fort.

„Neiein, aber du wirst es mir sicher gleich verraten“, scherzte Alev, die am Spülbecken mit dem Rücken zu ihr stand und erschrak, als sie sich wieder Anika zuwandte und in ihr betrübtes Gesicht sah.

„Nach neuesten Erkenntnissen kann Betaferon auch gespritzt werden, wenn man schwanger werden will … Stell dir das mal vor! Wenn ich das gewusst hätte, in allen diesen Jahren, wäre mein Leben ganz, ganz anders verlaufen und ich hätte womöglich weniger Schübe gehabt, weil ich dann früher angefangen hätte zu spritzen und, und

…", schnaufte sie, wobei ihr langsam eine Träne über die Wange kullerte.

Alev trat zu Anika, ging vor ihr in die Knie und legte beide Arme um ihre Schultern.

„Ach komm, das war alles richtig, so wie du es gemacht hast. Du musst auf deinen Körper und deine innere Stimme hören. Lass dich nicht verwirren von irgendwelchen Untersuchungen", flüsterte sie Anika ins Ohr, als sie sie kurz an sich zog.

„Ich steig da langsam nicht mehr durch, die verarschen einen alle nur", keuchte Anika und schnäuzte sich in das Taschentuch, das ihr Alev gereicht hatte.

„Komm, ich begleite dich noch, ich glaub du musst los", wisperte Alev und strich ihr sanft über den Kopf.

An der Bushaltestelle angekommen, traute Anika ihren verweinten Augen nicht. Vor ihr stand plötzlich Johannes. Ihr Herz fing an, wie wild zu schlagen, während er sie freundlich anlächelte und ihr charmant die Hand reichte. Sie fühlte sich, als hätte sie ein Stromschlag getroffen, als sie zitternd seine warme Hand ergriff. Sie konnte es nicht glauben. Johannes. Er war noch attraktiver, als sie ihn in Erinnerung hatte. Es war unfassbar. Verunsichert schaute sie zu Alev, die auf sie zutrat und ihr ermutigend zulächelte. Dann kam der Bus und Anika und Johannes stiegen gemeinsam ein. Als sie sich gegenübersaßen, wagte Anika ein zaghaftes Lächeln. Dann sah sie aus dem Fenster. Dort stand immer noch Alev, winkte ihr von draußen zu und zeigte mit dem Daumen nach oben. Sie hob die Hand und ein Lächeln umspielte ihren Mund. Dann glitten ihre Augen zu Johannes und der Bus losfuhr.

Kurzgeschichten
Drama
Alles für die Ehre
Reise nach Istanbul
Lutzie Pan
© Lutzie Pan

Alles für die Ehre

Drama-Kurzgeschichte

Widmung

Für Hatun Aynur Sürücü (1982 - 07.02.05), von ihrem eigenen Bruder in Berlin-Neukölln erstochen, und allen Ehrenmordopfern.

Vorwort

Kommentar von Arno von Rosen (Thriller-Autor):

„Luzie Pan ist eine Autorin, wie es heute viele gibt, dachte ich. Irrtum! Der Grund warum man von den Beschreibungen immer wieder zurück schreckt ist, dass Luzie Pan viele dieser Geschehnisse selber erlebt und deshalb so messerscharf beschrieben hat. So sind die Figuren aus dem realen Leben auf die Seiten der Autorin gewandert, ungeschönt und schnörkellos, aber mit der Art von Faszination, die auch Menschen zum Verhängnis wird, wenn sie etwas Grausames, wie zum Beispiel einen Unfall, sehen. Der Anstand gebietet es, sich abzuwenden, aber der Zwang ist größer, es sehen zu wollen. So ist es auch mit den Geschichten von Luzie Pan. Sie sind oft von erschreckender Schönheit, und das bedeutet eine wohltuende Abwechslung im Einerlei der vielen Autoren und Autorinnen, die heute unser Internet und unsere Buchläden bevölkern."

Bewertung meines Lektoren:

„Literarisiert haben Sie hier eine durch und durch tragische Geschichte rund um den Ehrenmord in moslemischen Gemeinden und Familien. Spannender Stoff! Beschreibungen erzeugen lediglich Bilder, die nach Möglichkeit emotional anzureichern sind. Dies ist Ihnen durch die Überlagerung detaillierter Informationen und anschaulicher Beschreibungen des vornehmlich seitens männlicher Muslime aufrechterhaltenen Ehrenkodex mit der entsprechend hohen emotionalen Aufladung des Textes sehr gelungen."

Kommentar von Daniel Mattes (Thriller-Autor):

„Luzie Pan ist eine außergewöhnliche Autorin die sich immer wieder auch an schwierige Themen heranwagt. Schnörkellos und treffend zeichnet sie ihre Figuren und erzählt ihre Geschichten die uns immer wieder zum Denken anregen.

„Alles für die Ehre, Reise nach Istanbul" ist von einer aktuellen Thematik, die dem Leser sehr nahe geht. Ist es das reale Leben, Fiktion oder eine Mischung aus beidem? Die Autorin fesselt und fordert uns mit ihrer Geschichte und das ist doch genau was wir wollen. Zusammenfassend: Ein ganz tolles Buch."

Kommentar einer Autorin:

„Ich finde, es liest sich flüssig und du beschreibst sehr anschaulich (Gesichtskratzer - Pflaster ...)."

Zitat

„Selig, die keine Gewalt anwenden,

denn sie werden das Land erben."

(Mt 5,5 (NT))

Alles für die Ehre

Eines Tages fuhr ich mit dem Bus nach Wedding und der Busfahrer hatte einen Moslembart. In der zweiten Reihe saßen Frauen mit schwarzem Schleier von oben bis unten, nur das Gesicht lugte hervor. Eine Person weiblichen Geschlechts hatte auf beiden Wangen kleine Pflasterstreifen. Als ich sie sah, erschrak ich. Ich musste unmittelbar daran denken, dass die Pflaster auf den Bäckchen sicherlich nicht der Verschönerung ihres Antlitzes dienten und da nicht zufällig gelandet waren.

Ich stieg aus. Hansaplatz. In der Bibliothek setzte ich mich an einen Tisch. Büchereien galten als Zufluchtsorte für Kopftuchmädchen. Aufenthaltsräume der Freiheit, des Schutzes vor den Übergriffen von Brüdern und Vätern. Das wusste ich und kam ins Gespräch mit Halil, die mir ihre Geschichte erzählte.

Mein Vater Turgut war ein korrekter Busfahrer, der nie zu spät kam. Seitdem er aus Anatolien nach Berlin gekommen war, hatte er den Bus gelassen und unfallfrei durch Wedding manövriert. Er wurde von allen Kollegen geachtet. Aber er hatte verschiedene Gesichter: eines für den Broterwerb und eines für zu Hause. Dort ließ er den Patriarchen raushängen. Im Bus hingegen war er freundlich. Er „kontrollierte" nebenbei den weiblichen Teil seiner „Umma" (moslemische Gemeinde), inklusive mich, die er täglich beförderte, ob des Vorhandenseins eines gesitteten Kopftuches. Denn diese modernen Tücher gingen gar nicht, das musste er melden.

Das Leben in zwei Welten war für ihn kein Widerspruch; bis ihn eines Tages meine Mutter, übersät mit Blutergüssen, bei der Polizei anzeigte und diese ihn der Wohnung verwies. Er kam zu spät zur Arbeit. Eines Tages kam er gar nicht mehr.

Meine Mutter wusste, dass er sich rächen würde, aber so war ich wenigstens aus der Schusslinie. Sie wollte, dass ich es besser hatte als sie. Meiner Mutter war es nur gestattet, den ganzen Tag zuhause zu sitzen und nicht zu arbeiten. Sie sprach kein Deutsch und durfte es weder lernen, noch sprechen, was sie dennoch heimlich lernte. Weiblichen Wesen war es auferlegt das zu tun, was Männer, Brüder, Cousins und Söhne sagten.

Nur zum Einkaufen durften sie rausgehen. Beaufsichtigt, im Auftrag des Familienoberhauptes, durch meinen Bruder Ahmet. Er musste auch mein Verhalten beobachten, um die Familienehre zu verteidigen. Sobald ich mich außerhalb der Route meines Vaters bewegte, die U-Bahn nahm, war Ahmet am Zug. Es gelang ihm jedoch nicht immer, was ihn unter Druck setzte. Denn dabei stand er wiederum selbst unter Kontrolle.

Seit ich zwölf Jahre alt war und den Schleier tragen musste, war es mir nicht mehr erlaubt das Haus zu verlassen, es sei denn für die Schule oder das Studium. Die einzige Freiheit, die ich hatte, war die Bibliothek; da wurde ich nicht kontrolliert. Treffen mit meinem Freund mussten dort als getarnte Nachhilfestunden herhalten. Wenn mein Vater oder Bruder herausbekommen hätten, dass ich einen deutschen Freund hatte, wäre ich sofort mit einem alten türkischen Mann verheiratet worden. Mein Vater bekam glücklicherweise zuerst nichts mit, da er sich auf Ahmet verließ. Dieser hatte bald einen Verdacht und das reichte. Meine Mutter hatte Wind davon bekommen und wollte mich in der Folge schützen.

Im Grunde war mein Vater stolz auf meinen ausgezeichneten Abschluss, und darauf, dass ich studierte; so wuchs sein Ansehen. Aber damals wusste ich noch nicht, dass ich nie meinen Beruf hätte ausüben dürfen. Denn wenn Töchter verehelicht wurden, mussten sie nicht mehr ernährt werden, sie wurden gewissermaßen „verkauft". Interessante Logik nicht? Wenn sie arbeiten gedurft hätten, hätten sie sich ja selbst ernähren können. Damit das Brautgeld in der Familie blieb, wurden Cousinen mit Cousins verheiratet, dann musste der Acker nicht geteilt werden. Nur wo gab es hier Äcker? Aber das war unsere Tradition.

Mein Vater galt als gut integriert. Nun durfte er nicht mal sein eigenes Zuhause betreten. Das war eine folgenschwere Schande für ihn. Um seine Ehre nicht vollständig zu verlieren, drang mein Vater kurz darauf, zutiefst gekränkt und vermutlich angestachelt durch die Umma, in die Wohnung ein und griff meine Mutter erneut an. Ich kam ihr gerade noch rechtzeitig zu Hilfe, als er dabei war ihr mit der Faust ins Gesicht zu schlagen.

Bald danach verurteilte das Gericht meinen Vater, der ihr mit Mord gedroht hatte, zu zwei Jahren Haft. Meine Mutter und ich hatten als Zeuginnen endlich ausgepackt. Ein Fehler. Es kam zum Streit zwischen Ahmet und meiner Mutter, wobei er mich als Hure bezeichnete.

Die Frau in unserer Kultur hatte kein Recht über ihre Sexualität zu entscheiden. Der Mann konnte seine Ehre aufgrund des erotischen Verhaltens seiner Ehefrau verlieren. Das fing dabei an, Männer nur anzublicken. Wie die Männer selbst mit ihren Partnerinnen umgingen, war unerheblich. Die Frauen mussten sich unterordnen, im Namen der Ehre. Wie genau setzten die Männer fest. Der „Ehre" entsprachen alle Normen, die eine Familie als Regel definierte.

Aus Furcht vor der Rache meines Vaters flüchtete ich ins Frauenhaus und ließ schweren Herzens meine Mutter zurück. Die Umma war indessen gespalten, im Hinblick auf das Gerichtsurteil, bei dem sich mein Vater gegenüber meiner Mutter keinen Respekt verschaffen konnte und somit er seine Ehre verlor.

Dennoch versuchte mein Vater den Kontakt zu seiner Umma aufrecht zu halten. Sein Ansehen bröckelte aber zunehmend. Die moslemische Gemeinschaft wendete sich daraufhin von ihm ab. Eine Tragödie für ihn.

Zuhause fühlte sich meine Mutter, aus Angst vor den Morddrohungen trotz Polizeischutz, nicht mehr sicher und floh auch ins Frauenhaus. Sie ahnte nichts vom Ausstoß meines Vaters aus der Umma.

Ich war inzwischen im Ausland untergetaucht, hatte mittlerweile eine neue Identität angenommen und suchte wieder eine Verbindung zu meiner Mutter herzustellen. Ein gefährliches Wagnis.

Ahmet bangte um sein Ansehen, da er die Familienehre - durch seine Mutter und mich, wie er vermutete, beschmutzt - nicht hatte verteidigen können.

Bald danach fanden Spaziergänger im Baggersee die Leiche meiner Mutter. Man beschuldigte anfänglich meinen Vater als Anstifter. Bevor es zu einem neuen Prozess kam, war der angesichts des Ansehensverlustes bei seiner Umma so zermürbt, dass er in seiner Zelle einen Selbstmordversuch unternahm. Die Indizien ergaben später, dass Ahmet unsere Mutter entführt und umgebracht hatte.

Bevor mein Bruder in die Türkei abtauchen konnte, die ihn nicht ausliefern durfte, gelang es der Kripo ihn rechtzeitig am Flughafen festzunehmen.

Er wurde zu zehn Jahren Gefängnis verurteilt. Seitdem bin ich wieder hier, aber unter meiner neuen Identität: Halil.

Ich war tief bewegt von dieser Geschichte, die so verborgen, vor allen Augen passierte und an der offenbar kaum jemand Anteil nahm, wenn das Schweigen sie umhüllte. Auch das war Deutschland.

Reise nach Istanbul

Drama-Kurzgeschichte

Widmung

Für alle Frauenrechtlerinnen in der Türkei

Vorwort

Kommentar von Arno von Rosen (Thriller-Autor):

„Wie schnell Luzie Pan auf den Punkt kommen kann, demonstriert sie hier wieder wunderbar. Direkt nach wenigen Sätzen schafft sie den Sprung mitten in ihre Geschichte, ohne dem Leser wichtige Eindrücke des Umfeldes vorzuenthalten. Zielgenau rückt die Autorin die unterschiedlichen Bräuche, Religionen und Weltanschauungen in unser Blickfeld, und lässt es spielerisch aussehen, ohne den erhobenen Zeigefinger auf die Sichtweise anderer Kulturen aufmerksam zu machen. Der Wunsch nach mehr Lesestoff ist sofort da."

Bewertung meiner Lektorin:

„Mich hat Ihre gut formulierte Erzählung bereichert."

Zitat

„Fürchtet euch nicht vor denen,

die den Leib töten,

die Seele aber nicht töten können,

sondern fürchtet euch eher vor dem,

der Seele und Leib ins Verderben

der Hölle stürzen kann. …

Bei euch aber sind sogar die Haare

auf dem Kopf gezählt.“

(Mt 10,28;30 (NT))

Reise nach Istanbul

Istanbul. 10:00 p.m. Völlig erschöpft war Dörte endlich am Flughafen gelandet. Nur noch fünf Passkontrollen. Asien. Mit beiden Koffern bepackt rollte sie erwartungsvoll der Empfangshalle entgegen. Wartende Gesichter mit hochgehaltenen Namensschildern blickten sie an. Nachdem sie sich langsam aus der Menge heraus gewühlt hatte, entdeckte sie die zierliche Aylin. Ein erleichtertes Lächeln zog über ihr Gesicht.

Aylin war für die Aleviten-Recherche nach Deutschland gekommen und hatte bei Dörte gewohnt. Nun wollte Dörte ihre türkische Kultur kennenlernen und mehr über den Ehrenmord erfahren.

Die eifrig telefonierende Aylin tänzelte von einem Bein aufs andere, wobei ihr schicker Mantel ständig hin und wedelte. Während sich Dörte aus der kurzen Umarmung mit Aylin löste, kam plötzlich Aylins Bruder Hasan an geschlurft. Ohne sie anzusehen, gab er Dörte schroff die Hand und drehte sich um. Diese guckte leicht verwirrt und trottete ihm mit Aylin Richtung Ausgang hinterher.

Der bärtige Taxifahrer mit Baseball-Kappe war ungefähr genauso gesprächig wie ihr Bruder. Während der Fahrt öffnete er auf einmal das Fenster und fing an genüsslich zu rauchen. Dörte saß angenervt genau hinter ihm. Rauchschwaden mit kaltem Wind wehte ihr um die Nase.

In der Dunkelheit erschien die sechsspurige Autobahn wie eine wohl aneinandergereihte Lichterkette, die sich in die Ferne der Metropole zog. Dörte war tief beeindruckt. Irgendwann waren sie in ein Wohngebiet abgebogen und das Taxi hielt vor einem vierstöckigen Haus.

Nachdem sie das eiserne Tor passiert hatten, führte ein kleines Treppchen zur Haustür. An der Eingangstür erwarteten sie Aylins Eltern. Sie begrüßten Dörte mit feuchten Küsschen auf beide Wangen.

Es gab Manta. Eine Art italienische Tortellini auf Türkisch. Die religiösen Fronten waren schnell geklärt. Es wäre völlig egal, ob man Christ oder Moslem war, solange man an irgendetwas glaubte. Alle Menschen wären schließlich gleich.

Der Vater, ein großer 90-jähriger Mann mit graumeliertem Haar und freundlichem Lächeln war gläubiger Moslem. Er sah aus wie maximal 70. Ursprünglich war er kein Türke, denn er kam aus Aserbaidschan oder besser aus Georgien. Er lebte Part-time in Istanbul und in den anatolischen Bergen und war dort einst ein wohlhabender Viehhändler gewesen. Für die Bildung seiner neun Kinder war die ganze Familie nach seiner Pension vor 20 Jahren nach Istanbul gezogen.

Seine Frau war eine 63-jährige flinke, freundliche, ebenfalls immer lächelnde, kopftuchtragende gläubige Kurdin. Leider durfte sie kein Kurdisch sprechen, da ihr Mann das nicht zuließ.

Nachdem Essen bereitete sie Dörte ein Nachtlager auf einem Bettsofa im gleichen Zimmer zu. In der ersten Nacht machte Dörte todmüde „Bekanntschaft“ mit dem Muezzin, der morgens um fünf Uhr über Lautsprecher singend zum Gebet einlud und wie ein Wecker funktionierte. An Ausschlafen war nicht zu denken.

Aylins Beitrag dazu war: Arbeiten, war doppelt beten. Sie übersetzte bis fünf Uhr morgens Texte vom Türkischen ins Englische. Dörte hatte sie in ihrem „Arbeits-Wahnsinn" damals kaum zu Gesicht bekommen.

Im Wohnzimmer schlief ebenso Aylins Mutter. Sie schnarchte und führte ab und zu kurdische Selbstgespräche. Dörte mochte ihre Mutter. Sie hatte neun Kinder geboren und ihr Mann hätte ihr Vater sein können. Er hatte sie geheiratet, nachdem er 20 Jahre im Gefängnis gesessen hatte. Um sie heiraten zu können, musste er sie erst entführen. Somit musste er sie heiraten. Das war der Brauch.

Dörte hatte sich als verheiratete Frau vorgestellt, sicherheitshalber. Aylin hatte ihr dazu geraten. Sie wäre sonst nicht respektiert worden.

Als Dörte beim Frühstück auf Aylins älteste Nichte Tamar traf, großgewachsen und dunkelblond, mit fließendem Englisch und Deutsch, erfuhr sie, dass die „Emanzipation" der jungen Türkinnen darin bestand, ob es eine Visapflicht gab oder nicht, wenn sie nach Europa reisen wollten. Von Ehrenmord oder Zwangsverheiratung, wie Dörte dachte, keine Spur. Diese jungen türkischen Frauen wirkten europäisch, aber sie fühlten sich nicht europäisch. Obwohl die Gesetze sich rein theoretisch immer mehr den Europäischen anzugleichen schienen, wurden sie leider rein praktisch nicht immer angewandt.

Am nächsten Tag lief Dörte allein in einem nicht so „gefährlichen" touristischen Stadtteil herum. Die Leute waren nett und freundlich, als sie heißen Salep to go mit Zimt bestellte. Außerdem saßen in den Männercafés manchmal sogar Frauen. Das ging an sich gar nicht. Kurz gesagt, Istanbul war anders. Es war modern. Alles wirkte sehr tolerant und westlich. Dörte war total verblüfft. Die Frauen waren vielfältig: von voll verschleiert bis Minirock. Darüber hinaus gelang es Dörte sogar eine touristenoffene Moschee zu besuchen. Für Frauen sonst nicht erlaubt.

Dörtes türkische Gastgeber waren überaus großzügig. Bei Gesprächen mit Aylins Brüdern bekam sie ständig zu hören, dass es hier keinen Ehrenmord gäbe. Möglicherweise in den südostanatolischen Bergdörfern. Das verwirrte Dörte zunehmend. Sie erzählte von Deutschland, von Ehrenmorden in Berlin. Ihre Gesprächspartner schüttelten nur ungläubig den Kopf über ihre vermeintlichen Landsleute. Wie man denn heutzutage Ehrenmord begehen könne.

Dörte beharrte darauf, aber hatte irgendwie das Gefühl, dass das alles nicht stimmte. War es ein Tabuthema? Musste man sein Gesicht wahren?

Andererseits waren die Türken ausgesprochen aufmerksam, registrierten alles und wollten immer behilflich sein. Sie schienen nichts vorzugeben, was sie nicht waren und hatten Respekt vor anderen Kulturen.

Die heutige türkische Jugend dagegen rebellierte gegen die Traditionen ihrer Eltern. Ihre einzige Chance war Bildung und dafür gaben sie alles.

Am Abend gab es Gäste: Verwandte aus Georgien. Der Besuch entsprach dem klassischen Frauen- und Männerbild, das Dörte von der Türkei gehabt hatte. Die Frauen mit Kopftuch. Die Männer mit Kopfbedeckung und Gebetskette wirkten dominant. Im gesamten Haushalt von Aylins Familie hatte sie nie ein Kopftuch gesehen, außer bei ihrer Mutter. Diese war dazu Analphabetin. Aber ihre

Kinder hatten ihr in den letzten Jahren lesen und schreiben beigebracht.

Die aufgeweckte Tamar hatte sich von der Visumspflicht nicht abschrecken lassen und flog am nächsten Tag nach Wien. Sie hatte einige Zeit in Bayern gelebt, Deutsch gelernt und studiert. Sie eckte mit ihrer „europäischen" Denkweise an, aber man ließ sie gewähren. Sie war 25, lief figurbetont herum, wollte nicht heiraten, Sprachen lernen und unbegleitet reisen. In einer traditionellen Familie wäre das nicht geduldet worden, aber sie hatte Glück. Sie war nicht in Deutschland als Türkin geboren worden. Da wäre sie schon längst zwangsverheiratet, mutmaßte Dörte. Ihr Vater, Aylins Bruder war froh, wenn seine älteste Tochter überhaupt irgendetwas unternahm.

Am nächsten Tag hatte Aylin einen Termin bei ihrem Professor. Sie hatte ihre Masterarbeit immer noch nicht abgegeben. Eine Stunde später erreichte Dörte mit Aylin eine Wolkenkratzergegend. Das Meeting mit dem Professor sollte in einem Hotelkomplex-Café stattfinden. Der fein gekleidete, fehlerlos Englisch sprechende freundliche Professor unterrichtete Aylin über die Aleviten in Europa und draußen wehte vor den Wolkenkratzern die türkische Fahne. Für einen Moment wusste Dörte nicht, ob sie tatsächlich in Asien war.

Rückreise. Leider. Am nächsten Tag fuhren Aylins Bruder Mehmet, ein ebenfalls deutschsprechender Mathematiklehrer und Aylin Dörte zum Flughafen. Dort kontrollierten Grenzpolizisten mit Kalaschnikows die Auffahrtsstraße. Dörte traute ihren Augen nicht, als sie an ihnen vorbei fuhren. Es war wie im Film.

Als Aylin mit Dörte den Eingang des Flughafens passierte, gab es wieder die obligatorischen Taschenkontrollen. Dörte kam sich vor wie eine Terroristin. Nach weiteren fünf Pass-Kontrollen wurde sie am Check-In zu ihrem großen Erstaunen durchgewinkt. Die Türen nach Europa standen offen. Plötzlich begann eine Frau die wartenden Passagiere nach Reisepässen zu kontrollieren. Dörte wurde dabei gar nicht beachtet.

Im Flugzeug sinnierend, kam ihr die Türkei ausnehmend europäisch vor. Anhand dem, was sie dort mitbekommen hatte. Sie konnte sich sogar vorstellen, dort zu leben. Ehrenmord schien es hier wirklich nicht zu geben, zumindest nicht in Istanbul.

Plötzlich erinnerte sie sich, was Aylin ihr über ihre Schwester, die in Deutschland lebte, erzählt hatte. Die Türkinnen begannen dort oft Selbstmord wegen Depression. Bevor Aylin nach Deutschland gegangen war, hatte man sie gewarnt. Deutschland war zwar das Land der vielen Möglichkeiten, wenn sie sich an die Spielregeln hielt. Es war aber auch das Land der „Herzenskälte".

Zuhause angelangt erschien Dörte alles so unwirklich. Sie vermisste die türkische Tee-Zeremonie und das ausgiebige Frühstück-Mittagessen.

Eine befürchtete Entdeckung holte sie wieder in die Realität zurück. Im Gebiet um Istanbul gab es laut einer Statistik die meisten Ehrenmorde. Hierhin immigrierten viele bildungsferne kurdisch-stämmige Türken aus der Ost-Türkei, die früher nach Deutschland gegangen waren. In der Türkei gab es seit einiger Zeit wenigstens keine Strafminderung mehr für Ehrenmord.

Dörte erkannte, dass sie es nur mit Mittelschicht-Leuten zu tun gehabt hatte. Ehrenmord war da unvorstellbar. Die deutsche Justiz deklarierte den Ehrenmord in Deutschland aus Mangel an Beweisen oft als ein normales

Verbrechen, als kulturbedingten Totschlag oder „Selbstmord“. Dann war der Selbstmord der Türkinnen nicht nur der Depression geschuldet, sondern eigentlich ein Ehrenmord, rätselte Dörte.

Sie erinnerte sich an die einzige Erklärung, die Dörte von Aylins Familie dafür bekommen hatte. Sie besagte, dass ihre Landesgenossen in Deutschland aus Angst vor Kulturverlust und Assimilierung an ihrer traditionellen rückschrittlichen Lebensweise festhielten. Für die aufgeklärten Türken in der Türkei war das total unverständlich.

Als sie weiter recherchierte, stieß sie auf einen anderen Hintergrund. Trat ein Ehrenmord an die Öffentlichkeit, hätte er das Image der Türken beschädigt und Vorurteile geschürt - sie wollten doch in die EU - deshalb verleugneten sie oft das Delikt.

Wie dem auch sei. Aylins Familie hatte Dörte auf jeden Fall ins Herz geschlossen und erwartete sehnlichst ihre Rückkehr.

Anmerkungen

Meine liebe Leserschaft, ich freue mich sehr, dass ihr/ Sie dieses Buch erworben habt/haben. Noch mehr freue ich mich über Kommentare auf meinem Blog: https://luziepan.wordpress.com; für Anregungen bin ich auch sehr dankbar.

Feedback kann auch direkt an luzie.pan@gmx.de geschickt werden, oder über Facebook, Instagram, LinkedIn oder Twitter, mit dem Hinweis auf mein Buch.

Neben dem vorliegendem Buch „Drama-Kurzgeschichten“ welche teils einzeln in den unten genannten Kurzgeschichten-E-Books der Erstveröffentlichungsreihe von 2015 erschienen sind, gibt es daneben auch noch folgende zwei „Sparten-E-Books“ die auch in der Gesamt-Ausgabe: „Kurzgeschichten-Sammlung“ und „Kurzgeschichten-Potpourri“ enthalten sind:

1. „Krimi-Kurzgeschichten“
2. „Humor-Tragik-Romantik-Fantastik-Kurzgeschichten“

Diese sind bei den gängigen E-Book-Händlern erhältlich und erscheinen auch noch als Print-Ausgabe.

Aktuelles über die genauen Veröffentlichungsdaten auf dem Blog: https://luziepan.wordpress.com

Kurzgeschichtenreihe

Die einzelnen Kurzgeschichten sind 2014/2015 als teils einzelne E-Books erschienen und jetzt als 2. überarbeitete Neuauflage als E-Books mit den gleichen in diesem Buch abgebildeten Cover und außerdem in den oben erwähnten Bundles erhältlich.

1. Gestrandete Existenzen (Erzählexperiment)
2. Zu viel Licht (Fantastik)
3. Lächeln gegen den Wind, Markus hat Glück, Spätberufen (Humor Tragik)
4. Unfall mit Folgen, Das passende Kleid, Zug ins neue Leben (Romantik)
5. Barbier von Neukölln (Krimi)
6. Weiße Weste (Krimi)
7. Leichen im Keller (Krimi)
8. Urlaub mit Hindernissen (Krimi)
9. Alles für die Ehre, Reise nach Istanbul (Drama)
10. Antonio sucht sein Glück, Giuseppes sizilianische Welt (Drama)
11. Taube Finger fühlen im Kopf (Drama)
12. Heimat (Drama)

Hinweise zur Entstehung meiner Kurzgeschichten

Meine Geschichten sind rein fiktiv. Allerdings sind sie inhaltlich teilweise von der Realität inspiriert. Wobei diese modifiziert fiktionalisiert wurde und somit in Literaturform der Kunstfreiheit unterliegt. Personennamen sind rein zufällig. Ähnlichkeiten bezüglich des Persönlichkeitsschutzrechtes sind nicht beabsichtigt. Irgendwelche Namen müssen die Figuren ja tragen. Außerdem werden inhaltliche Darstellungen oft bewusst übertrieben. Sofern dabei Klischees bedient werden, ist dass der Dramaturgie geschuldet und wurde als erzählerisches Stilmittel eingesetzt, um den Plot dramaturgisch auf die Spitze zu treiben und nicht, um zu verallgemeinern. Die Absicht meiner Geschichte ist allein: wertfrei, unterhaltsam und spannend Themen aufzugreifen, zum Nachdenken anzuregen, aber auch die Lachmuskeln zu bemühen, wobei ich mich mitunter auch der Kunstfreiheit der Satire bediene.

Steckbrief der Autorin

Luzie Pan wurde 1971 in Oberbayern geboren, ist eine „mährisch-böhmische Mischung“ und teilweise in Oberösterreich aufgewachsen, hat verschiedene Länder bereist und an unterschiedlichsten Teilen Deutschlands und längere Zeit im Ausland (Italien, Sizilien, Litauen, Tirol) gelebt. Sie hat Verlagsherstellung (Buch,- und Medienproduktion) studiert, ist Diplom-Ingenieurin (FH), hat eine Drehbuch,- und Dramaturgie-Ausbildung, ein drei-jähriges Belletristik-Fernstudium absolviert, einen Kurzfilm produziert, ist seit 2011 als freie Autorin in Berlin tätig und im Verband deutscher Schriftstellerinnen und Schriftsteller. Sie spricht deutsch und italienisch in unterschiedlichen Dialektfärbungen und englisch. Sie betreibt den Blog: https://luziepan.wordpress.com, auf dem u.a. Leseproben und Audioleseproben ihrer Geschichten verfügbar sind, welche kommentiert werden können und außerdem den Roman-Blog: https://schmecktnachmeehr.com.

Notizen: